广东相册

《广东相册》编写组　编

南方日报出版社
NANFANG DAILY PRESS
中国·广州

图书在版编目（CIP）数据

广东相册 / 《广东相册》编写组编. — 广州 ： 南方日报出版社，2019.10
ISBN 978-7-5491-2065-9

Ⅰ. ①广… Ⅱ. ①广… Ⅲ. ①社会主义建设成就－广东－图集 Ⅳ. ①D619.65-64

中国版本图书馆 CIP 数据核字（2019）第 202194 号

GUANGDONG XIANGCE
广东相册

编　　者：《广东相册》编写组
出版发行：南方日报出版社
地　　址：广州市广州大道中 289 号
出 版 人：周山丹
出版统筹：谭庭浩　阮清钰
责任编辑：陈　焱　蔡　芹　李佳航
装帧设计：肖晓文　易　界
责任技编：王　兰
责任校对：阮昌汉　肖　颖
经　　销：全国新华书店
印　　刷：广州市岭美文化科技有限公司
开　　本：787mm×1094mm　1/16
印　　张：19.5
字　　数：400 千字
版　　次：2019 年 10 月第 1 版
印　　次：2019 年 10 月第 1 次印刷
定　　价：98.00 元

投稿热线、读者热线：（020）87360640

前　言

1949年10月14日，广州解放了，“中国最后的一个头等大城市解放了”（《南方日报》发刊词）。如今通过老照片，我们依然可以感受到广东民众扬旗举帜庆祝广州解放的欢快热烈气氛。

这就是影像的魅力和意义，虽然时隔70年，即便是黑白图片，那定格的瞬间依然生动、鲜活，记录下了美好，也留住了历史。70年，弹指一挥间。在逝去的年代里，相册与影像成为当时每个家庭最有意义的留存和纪念。

对于广东这个大家庭来说，通过一本相册集结起过去年代百姓生活的共同记忆，其意义或许并不止于纪念与追怀。一部百姓生活老相册，就是一份广东社会发展史。以影像呈现广东发展、凝聚家国记忆，以小细节反映大时代，我们正是抱着这样的思想开启了一段时光回溯之旅，穿越70年的尘封记忆，用心拣集起那散落于历史长河的老照片。

如今呈现在大家面前的这本《广东相册》，不是宏大叙事，也不精细入微。它只是一束时代的微光，是一组民间的记忆，是百姓生活的剪影、社会发展的剖片。在这里，百姓是主角，生活是主题。劳作的妇女、上岸的疍民、疗养的老人、戏水的孩童；明亮的新居、新建的侨村、通行的大桥、通航的机场；“非典”时期平安诞下的婴儿、欢庆首夺亚冠的市民、喜迎新中国成立70周年的学生……出现频次最多的，是他们绽放的笑脸、怡然的神情，充满着对美好生活的向往。

凡是过往，皆为序章。这些生动的瞬间定格，均是曾经鲜活的时代印记，真实可见，亲切可感，再配以简短的背景图说，又趣味可读。读者若能在翻阅中得着一丝愉悦与会心，并由此生发一些赞叹或思考，这就是编者的最大快慰了。

《广东相册》编写组

2019年9月

广东相册

70 年百姓眼中的生活影像

1949—2019

目录

序幕

1949

广州解放了，中国最后的一个头等大城市解放了……今后的广东是永远属于人民自己的广东了，广东人民今后的长远的任务，就是大力开展建设工作，在新的中华人民共和国中央人民政府的领导之下，大步前进，建设人民的新民主主义的新广东。

——《南方日报》发刊词《新的中国，新的广东》

1949年 / 广州 / 工人上街游行，庆祝广州解放

1949年10月14日，新中国成立近半个月后，广州迎来解放。这是“中国最后的一个头等大城市”获得解放。从此，新中国神圣庄严的国土，北起黑龙江，南到珠江口，都成为人民当家作主的国土。

20世纪

50年代

1950年 / 广州 / “五一”劳动节庆祝活动

图中的庆祝场景颇具岭南水乡特色，船上摆设着巨幅领袖画像，鲜花红旗，锣鼓喧天，载歌载舞，缓缓行于水面，两岸观众云集，洋溢着节日的欢乐气氛。

1950 年 / 潮阳 / 出海渔民满载而归

当时广东沿海的解放区仍不时地受到国民党飞机的偷袭，但渔民努力投入到恢复生产中。图为海边满脸喜悦的渔民和丰收的海产。

1950年 / 广州 / 为庆祝海南解放赶制英雄花的女工

海南岛是中国第二大岛，当时由广东管辖。1950年4月16日，人民解放军靠着简陋的木帆船只，配以部分机帆船，强渡琼州海峡登陆作战。5月1日，海南岛全岛解放。

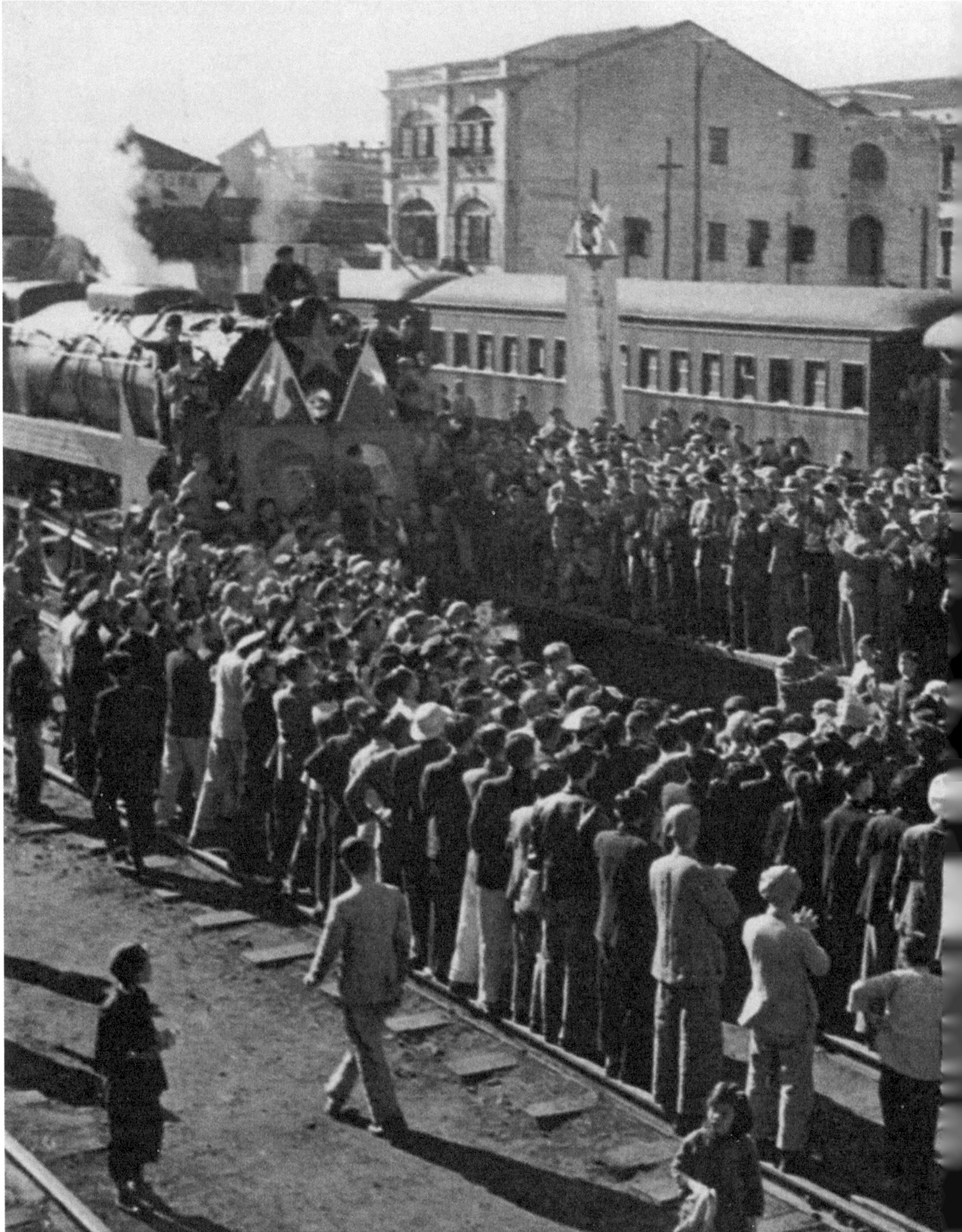

1950 年 / 广州 / **粤汉铁路恢复通车**

粤汉铁路指京广铁路的南段（广州至武汉武昌），全长1096公里。1949年6月，国民党残余部队为阻止解放军南下，炸毁多处沿线大桥，拆毁铁轨。1949年7月，刚刚渡过江的铁道兵团和各地铁路局投入抢修，耗时五个多月，终于使粤汉铁路在1950年元旦恢复营运，加速了全国解放进程。新华社评论称这是“中国大陆完全统一的象征”。

谁是我们最可爱的人呢？我们的部队、我们的战士，我感到他们是最可爱的人……他们的品质是那样的纯洁和高尚，他们的意志是那样的坚韧和刚强，他们的气质是那样的淳朴和谦逊，他们的胸怀是那样的美丽和宽广！

——魏巍《谁是最可爱的人》

1951年 / 广州 / 群众跳舞支持妇女参军

为了抗美援朝，保家卫国，广东妇女界积极响应党的号召，踊跃报名参军。

1951 年 / 广州 / 欢迎中国人民志愿军归国代表

是年6月，广州各界妇女举行大会，热情欢迎志愿军归国代表团，并组成献旗队、献物队，向这群“最可爱的人”致敬。

1951年 / 广东 / 化验员在蔗田检查甘蔗糖分

广东省生物工程研究所（广州甘蔗糖业研究所），前身为轻工业部甘蔗糖业科学研究所，始建于1951年。新中国成立后，国家十分重视甘蔗制糖行业的发展，提倡采用新品种、新技术、新工艺、新材料和新装备，解决甘蔗糖业和生物产业发展中的关键技术问题，促进行业人才的培养。

1951年 / 汕头 / 扛着渔具蹚水去捕鱼的孩子

汕头东南濒临南海，有多处港湾和大片浅海滩涂，渔业资源十分丰富，盛产多种海鱼及贝类。当地渔民的小孩子从小就学习打鱼技能，经常约上小伙伴去海边捕鱼。

1952 年 / 广州 / 士敏土厂三号大窑安全运转 238 天

广州市的士敏土（即水泥，是英文cement的音译）生产始于光绪三十三年（1907），当时在广州河南草芳围兴建的“广东士敏土厂”，是全国开办的第三间水泥厂。新中国成立后，西村士敏土厂在1953年全面恢复生产，积极开展以增产节约为中心的劳动竞赛，同年水泥产量达25万吨，比1949年前最高水泥产量的1936年还多1.5倍。

1952 年 / 广州 / 广州市长朱光陪同苏联贵宾观看木瓜树

朱光（右二）时任广州市中苏友好协会副会长。他陪同苏联艺术工作团领导人楚拉基（右三）、团员乌兰诺娃（右一）等到越秀公园游览。1950年至1963年是中苏关系友好时期，广东与苏联在此期间有密切交流。

1952 年 / 广州 / 小腰鼓队到田间表演

20世纪50年代，文艺团体常到村边田头开展生动有趣的文艺活动，以活跃田间气氛，连小朋友也参与进来，兴致盎然地在老师的带领下组队表演。

1952年 / 广州 / 再婚的寡妇与丈夫合影

1950年4月，中央人民政府颁布《中华人民共和国婚姻法》，这是新中国成立后出台的第一部具有基本法性质的法律。从此，“男女婚姻自由、一夫一妻、男女权利平等、保护妇女和子女合法权益”四大原则成为新民主主义婚姻家庭的法律基础。

清凉世界，出自手中。精逾鬼斧，巧夺天工。

——郭沫若

1953 年 / 新会 / 女工在作坊内加工葵扇

新会素有“葵乡”的美誉。新会的蒲葵，叶大不开裂，心蒂圆正，骨格细匀，色泽光洁。新会葵扇采用“火画”等精巧工艺，多年来畅销国内外。

1953 年 / 广州 / 在珠江口滩涂上捡螺贝

珠江口的岛岸线长200多公里，潮汐给滩涂留下了丰富的海产品，渔女们趁退潮去捕鱼、摸螺、拾贝、捉螃蟹，享受“赶海”的乐趣。

1953年 / 澄海 / 农民在田边踩水车运水抗旱

水车的车叶是用木片一片片串联而成，构造像龙骨，因而被称为龙骨水车，是旧时农民车水灌田的必备农具。澄海以前常有“春旱、夏涝、秋潮、冬涸”等自然灾害，当地农民要用水车运水来灌溉农田，但如今多用电动抽水机，一起踩水车看云聊家常的风景也远去了。

1953 年 / 广州 / **市政府前举行集体婚礼**

为了倡导婚事新办、移风易俗、节俭办婚事，政府积极举办集体婚礼，并在婚礼上向新婚夫妇颁发结婚证书和纪念品。很快，集体婚礼在广州乃至全省逐渐流行，展示出青年人追求自由爱情的时代新风。

1954 年 / 澄海 / 农民在晒谷场扬谷

20世纪90年代前，南国乡村几乎都有晒谷场（又称“禾场”），多半是用石灰和泥土搅拌铺好，再用工具夯实平整，用来晒谷。晒谷场初时是村集体的公用场所，农忙及秋收时节，农民在此晾晒谷物，迎风扬谷，分享丰收的喜悦。

1954 年 / 广州 / 小朋友在保育员的带领下到越秀公园游玩

广州的儿童保育工作在新中国成立后取得长足进步，陆续设立了许多面向全市儿童的大型保育院，有些单位甚至市郊农村也开设了托儿所。小朋友在这些公共保育机构里，既能得到正规科学的培养，又能快乐地学习和玩耍，可让父母安心投入生产建设。

1954 年 / 广州 / 孙逸仙医院门口边走边看报纸的妇女

全国人大一届一次会议于1954年9月在北京召开。会议制定和颁布了中国历史上第一部人民的宪法——《中华人民共和国宪法》。图为关心国家大事的妇女牵着孩子在看《广州日报》报道这次大会的号外。

1954 年 / 广州 / 市纺二厂几位女工交流工作经验和心得
广州第二纺织厂在公私合营之后，工人积极性高涨，创造了筒子纱的落纱新工艺，提高了机器利用率及产量。筒子值车工周芬女（右一）获选出席次年的首届全国青年社会主义建设积极分子大会。

1955年 / 中山 / 村里新买的耕牛

从1949年前直到20世纪80年代初，耕牛都是农家之宝，价值不菲，是农业生产不可缺少的好帮手，耕田拖拉犁耙之外，也是油坊、窑头等处的动力。在50年代，为了支持农业生产、安定农民生活，中国人民保险公司甚至还开设了耕牛保险。

1955 年 / 中山 / 中国人民银行向农民发放贷款

新中国成立后，实行单一计划经济体制，中国人民银行既是中央银行又是商业银行，农民贷款买农具、化肥、种子及生活用品等都要到人民银行办理。

1955 年 / 广州 / 自来水站
古时的五羊城，“六脉皆通海，青山半入城”，是地道的水城，山水格局一直是广州的骄傲。1950年，广州市自来水公司成功铺设了第一条过河水管。

1955 年 / 广州 / 水上居民集会

水上居民，也称“疍民”，长期浮居水上，生活贫寒，饱受歧视欺凌。1954年，广州市政府出台《珠江区水上居民转业安置计划》。1960年前后，政府拨款在大沙头、二沙头、滨江东、如意坊、猎德等处建渔民新村，安排水上居民上陆地聚居。

1955年 / 中山 / 农民报名加入合作社

1955年，全国掀起农业合作化的高潮，对农业经济的发展起到了积极作用。至1956年1月，广东基本实现农业合作化，推动了省内农村多种经营的发展，相关的报告还获得了中央赞许并转发。

1956 年 / 广州 / 茶客在茶楼听粤曲

粤曲以茶楼为主要演出场所。广州很多茶楼都有粤曲表演，街坊们听曲“叹”茶，热闹非凡，体现了娱乐与生活紧密联系的岭南文化风俗。

1956年 / 顺德 / **舞狮表演**

舞狮又叫“醒狮”，是广东民间喜爱的传统技艺表演，千百年流传不断，成为辞旧迎新、驱邪避害的吉祥瑞物。每逢节庆或有重大活动，岭南地区必有醒狮助兴。

1956年 / 广州 / 广东省第一届体育运动大会召开

省运会因其规模较大，竞赛激烈，素有“小全运会”的美称。此次盛会于1956年元旦在越秀山人民体育场隆重开幕，共有八个代表团的四百多名运动员参加了田径、体操、自行车三个项目的比赛，以及球类的表演赛。广州和粤中区分获团体总分第一、第二名。

1956 年 / 上海 / 广东运动员创造中国的第一个世界纪录

东莞籍举重运动员陈镜开参加1956年6月在上海举行的“中苏举重友谊赛”，以133公斤的成绩，打破最轻量级挺举的世界纪录，这是中国运动员创造的第一个世界纪录。

1957 年 / 乐昌 / 出工路上

1953年至1957年的第一个五年计划期间，农村经济从农民个体所有制向农业合作社所有制过渡，逐步实现了农业合作化。政府实行了有利于农业生产发展的经济政策，推广新的农业生产技术，促进了农业生产的发展。合作社的农民集体出工收工，辛勤劳作。

一年两次的广交会是在我们被封锁的情况下不得已搞的，我们只好请人家进来看。

—— 周恩来

1957年 / 广州 / 首届中国出口商品交易会举行

为粉碎西方国家对我国的“经济封锁、货物禁运”，1957年4月15日至5月15日，全国各外贸总公司联合在广州中苏友好大厦举办首届中国出口商品交易会，周恩来总理亲临视察。首届交易会展馆面积18000平方米，有13个交易团参展，到会的1200多名客户来自港澳、新加坡等19个国家和地区，洽谈成交额达1800多万美元。首届交易会的成功给新生共和国的经济建设带来了欣喜和希望。

1957 年 / 广州 / 华侨新村

新中国成立后，省政府为了安置归国华侨，特别划出市中心地块修建华侨新村。这是当时全国大城市第一个大型华侨住宅区，位于广州城区东部偏北，东邻黄花岗公园，西至淘金路，南起环市东路，北至广九铁路。这里原本是一片荒丘，1955年5月动工，1958年建成，命名为“华侨新村”。

1957 年 / 广州 / 印尼归侨钟昌安一家

新中国在安置归国华侨、维护侨胞权益等方面做了大量工作。生活在华侨新村的钟昌安与家人，准备骑自行车出门。对于当时的家庭来说，自行车属于不折不扣的奢侈品和稀罕物，从此图可看出他一家生活的富足与幸福。

1957年 / 汕头 / 绣花女工

潮绣与广绣总称粤绣，始于唐宋，盛行于明清。绣线用金线、银线、绒线，配以200多种针法，产生浓艳绚丽、金碧辉煌的视觉效果。刺绣工艺分为绒绣、线绣、金银线绣、金绒混合绣等四大类。题材主要有传统的龙凤、狮子、喜鹊、牡丹等。

1958年 / 台山 / 出卖余粮

新中国成立以后，人口逐渐增多，加上工业飞速发展，对农产品的需求急剧增加，供给相对不足。为改善这一状况，1953年，中央决定对粮食等农产品实行“统购统销”制度，1955年正式在全国试行粮食定产、定购、定销。该制度规定，农民生产粮食必须“先交公粮，后卖余粮，剩下的才是口粮”。

1958 年 / 台山 / 开挖人工湖

台山人工湖原是一块面积约200多亩的水稻田，因疏于管理沦为臭水地。1958年1月，台山人工湖正式开挖，全城四五千人投身挖土运泥会战。次年3月，人工湖的西湖（俗称大湖）建成，挖出来的泥土堆成湖中一大一小两个人工岛。自此，人工湖成为台山一个美丽的风景点，也是台山人充满回忆的地方。

1958年 / 广州 / 脱下军装的南粤子弟兵开赴北大荒

1958年1月，为响应党中央及中央军委发出的《关于动员十万转业官兵参加生产建设》的指示，十万官兵奔赴北大荒，其中就有成千上万的南粤好儿女。他们把热血青春献给祖国的建设事业，历经20年的辛劳，将千里荒原变成了希望的田野。

1958 年 / 广州 / 沼气做饭

沼气是一种清洁能源，能将农村地区的垃圾“变废为宝”。大力发展沼气，是符合当时实际情况的做法。图为利用沼气做饭的场景。

1958 年 / 平远 / 架设渡槽引水灌溉农田

渡槽又称高架渠、输水桥、过水桥，通常架设于山谷、洼地、河流之上，用于通水、通行和通航，特别是把远处的水引到水量不足的城镇、农村，以供饮用和灌溉。20世纪五六十年代，国内水利设施落后，影响了农村的经济发展。为了摆脱这种困境，引水灌溉就成为一项突出的民生工程。当时在全国各地开始大规模兴建渡槽。平远位于广东东北部的粤、赣、闽三省交界处，经济落后，兴建如十里彩虹般的渡槽，滋润万亩农田，造福山区人民。

不要管我，赶紧叫人来灭火！

—— 向秀丽

1959年 / 广州 / 学习向秀丽

向秀丽（1933—1958）是新中国成立后广州何济公制药厂的年轻女工，多次获评“先进工作者”。1958年12月，她为阻止一场厂内的严重火灾事故而烧伤牺牲。为铭记她抢救国家财产而英勇献身的事迹，全国各地掀起了学习“向秀丽精神”的热潮。

1959 年 / 广州 / 羽毛球运动员在训练中

羽毛球是让羊城引以为荣的一张名片。当时广州拥有逾300万羽毛球爱好者，培养出十几位奥运冠军和世界冠军，举办过多次大型羽毛球赛。早在1958年，广东就举行首届羽毛球锦标赛，来自广、佛、港、澳等地的近百名选手参赛。1959年2月，首届全国少年羽毛球锦标赛在广州举行。

1959 年 / 顺德 / 村办敬老院

老人在聚精会神地“捉棋”（下象棋）和读书看报。顺德数百年以来都被称为珠江三角洲富庶之乡，图中的敬老院虽是村办，却也环境优美、陈设精致。象棋在广东颇为流行，即使在乡镇的树荫田边、城市的大街小巷，亦可常见到观棋者众的象棋摊。

1959年 / 汕头 / 渔家姑娘在操练队列动作

1958年，面对以美国为首的西方国家对我国实施的军事、经济封锁，中央提出“以民兵组织的形式，实行全民皆兵”。在沿海地区，由于青壮年男子出海打鱼，妇女不仅是生产建设中的“半边天”，也是保卫海防的重要力量。这些地方的“红色娘子军”，不怕严寒酷暑，风吹日晒，为保卫祖国的万里海疆，坚持在海防线上巡逻放哨。

一个中国的体育学院学生获得了世界乒乓球锦标，是我们意料不到的，在其他六个锦标都为日本人所得的情况下，容国团像是鹤立鸡群，特别得人好感。

——英国乒乓球名将李芝

1959年 / 容国团成为新中国第一个世界冠军

容国团（1937—1968）生于香港，原籍广东中山，1957年入广州体院学习，1959年获第二十五届世界乒乓球锦标赛男子单打冠军，成为新中国第一个世界冠军。他研究出来的快速抽击，打破了当时主导欧洲和日本的花巧式打球方法。他两次获国家体育运动荣誉奖章，两次立特等功，并且在1963年出任中国女子乒乓球队教练，带领女队在第二十八届世乒赛中首次夺得世界女子团体冠军。

20世纪
60年代

1960年 / 电白 / 培育椰树苗

椰树的栽培历史悠久，在长期的自然选择和人工选择中，形成许多类型和变种，主要有野生种和栽培种，后者又可分为高种、矮种和杂交种。椰树苗大多采用预备苗圃催芽法，当芽长10—15厘米时，移芽到有大棚的苗圃。一般一年左右，苗高约1米时可出圃定植。电白位于粤西，部分地区临海，当地农民培植椰树，能为集体增加收入。

1960 年 / 东莞 / **推广插秧机**

使用插秧机可将秧苗移植于农田。把高约10厘米的秧苗放在插秧机苗台，再操作机械插秧。以直接插秧、滚动插秧两种插秧机较常见。

1960年 / 佛山 / 家中大扫除

中共中央在1960年的《关于卫生工作的指示》中提出，“以卫生为光荣，以不卫生为耻辱”。图中这户“光荣卫生之家”，家具款式已显老旧，但窗明几净，桌椅精洁，一家老小高高兴兴在家中搞卫生。

1960年 / 广州 / 工人架设无轨电车线路

广州第一条无轨电车线路在1960年9月30日正式通车，线路从越秀公园西门经解放北至大东门，同年11月13日起，向东延伸至东山农林下路，全程达6.3公里。

1961年 / 茂名 / 开采油页岩

茂名的石油工业，是从开发油页岩矿山起步的。据勘测，茂名油页岩矿体居全国第二位。1956年，茂名油页岩开发列入国家"一五"计划重点项目。1958年1月，铁道部、煤炭部等有关部门派来建设大军，在极其艰苦的环境下，辟山填壑，架桥开路，首批建成37000平方米的平房建筑，这是茂名市的雏形。到1960年就建成了具有年产页岩250万吨能力的矿山，成为我国最大的页岩矿区之一。1961年，茂名第一部页岩油干馏方炉建成投产。

1961 年 / 英德 / 民兵抬着被击毙的野猪下山

围猎害兽，保护田禾，是民兵社员承担的劳武结合、服务生产的任务。劳武结合源于中国共产党在抗日战争时期的一项政策，要求边区军民一边参加生产劳动，一边进行军事训练，新中国成立后，主要用于加强民兵建设。图中是英德县石塘公社的民兵，上山成功捕获野猪，兴高采烈地抬下山。

1961年 / 广州 / 游泳场

广州有珠江穿城而过，游泳之风自古盛行。其城市游泳场的建造和开放也是领风气之先，在近代就陆续有西郊游泳场等开放。小孩子从小就有亲水的机会，可以在大人的监护下尽情地在泳场玩耍。

1961 年 / 新会 / 摘龙眼

龙眼和荔枝、香蕉、菠萝等都是岭南佳果。江门新会是著名的石硖龙眼之乡。每年六七月份，龙眼累累挂满枝头。小孩子便成群结队拿着长竹竿摘龙眼，翘首企盼，即使烈日炎炎也不在意。

1962 年 / 汕头 / 农民观看广东潮剧团表演

潮剧是深受潮汕地区广大人民喜爱的地方传统戏剧。观看潮剧表演，是平时忙于耕作生产的农民难得的放松时刻。

1962 年 / 高州 / 广东省体操工作组下乡表演

20世纪60年代，很多城市的文艺体育团体下乡演出，有时一去几个月， 东南西北，跑遍村落小镇。作为政治任务，他们要深入基层，为农民群众演出，活跃农村的文化生活。图中的体操工作组，在简陋的条件下坚持表演。

1962 年 / 梅州 / 梅江河上渔民利用鱼鹰捕鱼

梅江河两岸山清水秀，鱼鹰在水中跃出跃入，为渔民捉鱼，这种情景在20世纪60年代很常见。但现在很多地方的河流已经没有渔舟，没有排桨，也见不到渔人和翻飞的鱼鹰了。

1962 年 / 潮州 / 山区制茶女工

潮州的工夫茶闻名海内外，茶叶的制作工艺也独具特色。一到做茶季，茶乡随处可见晒茶青的景象。要做出好茶叶，天时地利之外，人的技艺也极为重要。经验丰富的制茶人，能够判断一天当中哪个时候采的茶最好，什么温度下萎凋多少时间，做青做到什么程度最能表现出凤凰茶的花香和品种香。

1962 年 / 广州 / 大排档吃夜宵

大排档其实是街头露天食肆或临街经营食肆，夜宵就是老广口中的“宵夜”。据说广州最早的大排档位于广卫路一带，天字码头附近、米市路、惠福西路等处以前都是坊间的美食天堂。大排档普遍门面浅窄，设备简陋，高峰时就在铺面附近的街边多摆几张台椅，经营时间可从傍晚6时到第二天凌晨4时，菜式品种有海鲜野味、各式小炒，让人感受俗世烟火里浓浓的人情味。

1963 年 / 珠海 / **惠阳驻军战士进行劳动竞赛**

1963年下半年，遵照中央军委关于大搞农副业生产基地建设的指示，广东惠阳地区驻军抽调一万余名官兵，开赴珠江口外的白藤岛围海造田，战士们手拉肩挑，硬是向大海要回两万余亩农田，建成除牛田洋之外第二个生产建设基地。

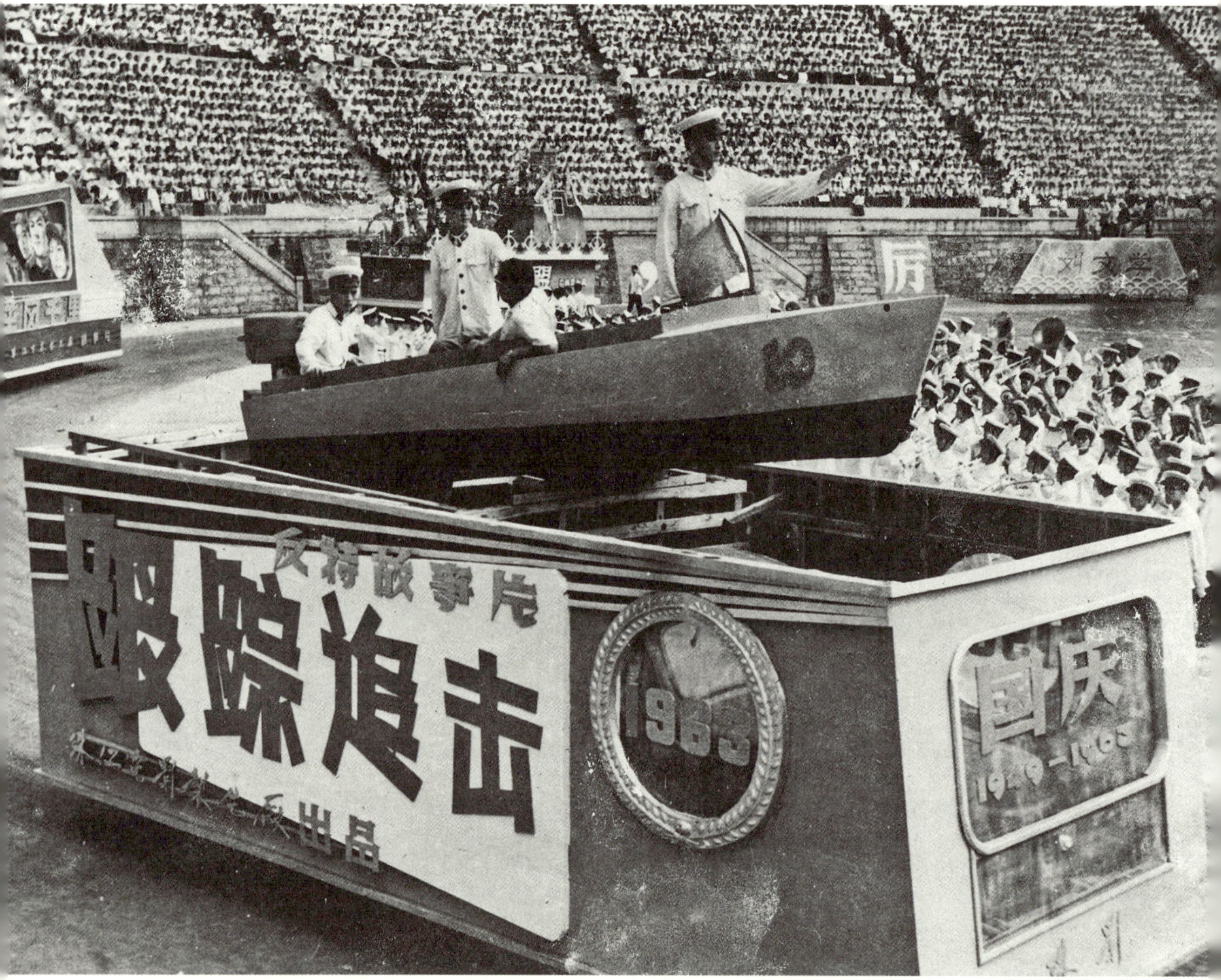

1963年 / 广州 / 《跟踪追击》彩车参加国庆大游行

《跟踪追击》是珠江电影制片厂在1963年摄制的一部反特故事片，讲述公安人员粉碎特务阴谋的故事。电影情节扣人心弦，富有教育意义，生动地表现了公安人员与特务斗争时的机智勇敢，成为新中国电影史上的一部佳作。

1963 年 / 南海 / 分粮食

“三年困难时期”结束后不久，为进一步扭转局面，中央决定从1963年起，再用三年的时间继续调整。在调整中，还进行了一些经济体制改革的试验，取得了一定成效。到1965年，原定的各项调整任务胜利完成，国民经济得到恢复和发展，社会主义建设出现欣欣向荣的景象。

1963 年 / 阳江 / 节日里的渔村

适逢佳节，渔民绕着空地围成一圈，在阵阵海涛声中观看表演。

1964 年 / 广州 / 春季中国出口商品交易会图书展厅

根据广交会的历史数据，1964年春季交易会成交额为2.42亿美元，共有来自51个国家和地区的采购商3719人参会。向外发行外文图书也是交易会的一部分，主要是对外传播新中国的建设成就，介绍中国源远流长的历史文化。例如1951年问世的著名刊物《中国文学》，就有多个外文版本。

1964年 / 湛江 / 准备运往香港的生猪

20世纪60年代初，周恩来总理亲自作出了一项对香港至关重要的决定，外贸部、铁道部共同开辟供应香港市场的鲜活食品快运货物的交通途径，从内地多个省市调集，保障香港市场农副产品供应。起初，主要是用列车运送农副产品（家禽家畜为主），后来几乎涵盖了所有供港物资，而且一直相当稳定。图中的一笼笼生猪，集中运到湛江港后，便装船运往香港。

1964 年 / 惠来 / 渔民围海造田

惠来这样山多平地少的沿海地区，在新中国成立之后继续向海要田要地，实行围垦和统一规划水利建设。围海造田短期内带来好处，解决了土地紧张问题。

1964年 / 连南 / 瑶区供销社

连南瑶族自治县位于广东西北部，是全国唯一的八排瑶聚居地。境内崇山峻岭，连绵百余里，有“第二丹霞”之誉。供销合作社简称“供销社”，是为满足农村生产和生活需要而设立的商业机构，主要是销售农村日用的生产工具、生活用品以及收购农副产品。

1964年 / 广州 / 市民争购刊有中国原子弹爆炸成功消息的《南方日报》

1964年10月16日，中国第一颗原子弹在新疆罗布泊上空爆炸成功，这是新中国在国防和科学技术方面取得的一项重大成就。从此，中国成为世界上第五个拥有核武器的国家，极大地提高了我国的国际地位和影响。

1965 年 / 增城 / 推车人

当时的运输工具还欠发达，大板车与人力运输很常见。墙上停靠的两轮大板车是集体所有的物资。

1965 年 / 增城 / 运送香蕉的女社员

香蕉是岭南四大名果之一，美香而甘，肉美嫩滑。限于当时的交通条件，大宗的香蕉要依靠纵横交错的河涌（小河道）来运输。

1965 年 / 汕头 / 看美术展览

潮汕历来是人文荟萃、风物繁茂之地，当地文化具有鲜明特色和绵长传统，在新中国成立后更是蓬勃发展。汕头的群众版画活动素以活跃见称，潮汕籍木刻家赖少其、张望等就站在新兴木刻运动的前列，成为新中国第一代著名版画家。

1965 年 / 东莞、深圳 / 东深供水工程闸门竣工

东深供水工程，全称东江—深圳供水工程，是周恩来总理亲自批准的一项大型跨流域调水工程，旨在向香港、深圳及工程沿线东莞城镇提供饮用水源与农田灌溉用水。工程始建于1964年，1965年3月建成并正式对香港供水，前后经三期扩建，为香港、深圳及东莞沿线地区的社会经济发展作出了重大贡献。

1966 年 / 高州 / 大队全体社员戴上毛主席像章

毛主席像章的材质和工艺极为讲究。图中的农村社员，聚集在一起，举行庄重的仪式，恭恭敬敬地在胸前别上毛主席像章。

祖国是我们最坚强的依靠。

——菲律宾归侨杨永泰

1966 年 / 湛江 / 欢迎印度尼西亚华侨归国

广东是华侨大省，20世纪60年代，沿海的湛江出现了华侨归国的热潮。图中的老归侨因腿脚不便，由两个接待人员扶上码头，两边是热烈欢呼的欢迎队伍。一张旧影，见证了祖国欢迎海外侨胞的热情与华侨归国参与建设的踊跃。

1966年 / 广州 / 练兵归来

20世纪60年代严峻的备战形势，增加了各级抓好军事训练的紧迫感和针对性。1964年的全军大比武，更是掀起了练兵热潮，鼓舞了全军将士，提高了战斗力，增强了各级指挥员的作战指挥能力。那个年代，能够成为一名解放军战士是全家的光荣。图中的战士外出训练，任务繁重，依然笑容满面。

1967 年 / 广州 / 人民桥落成通车

新建成的跨江大桥，吸引了人潮过来观看，很多人推着自行车，准备在新桥上走走。春日里红旗飘飘，标语也很有时代特色。

1967 年 / 高州 / 影剧院门前观看样板戏的群众

1967年全国上下纷纷举行纪念毛泽东《在延安文艺座谈会上的讲话》发表25周年活动。当时文艺舞台上的其他表演基本绝迹，只有八大“样板戏”，也就是革命现代京剧《红灯记》《沙家浜》《智取威虎山》《白毛女》《海港》《龙江颂》《红色娘子军》《奇袭白虎团》，直至“文化大革命”结束。茂名市属各县也大力组织各行各业群众观看“样板戏”，还要求写心得和观后感，人人过关。

1967年 / 宝安 / 军民同吃忆苦饭

“忆苦思甜”教育在20世纪六七十年代盛行一时，开始是请1949年前遭受压迫、苦大仇深的老工人、老贫农作报告，或者去他们家中访贫问苦，有时也到条件困难的地区调查了解，撰写穷人旧社会的血泪史。发展到后来，就是吃“忆苦餐”，让参与活动的群众吃旧社会贫下中农吃过的粗糠野菜，体验当年的苦难，从而教育年轻一代“不忘阶级苦，牢记血泪仇”，珍惜新社会的幸福生活。

1968 年 / 广州 / 母子合影

身处大城市的母子在毛主席画像前留下一张合影，小孩子的笑容纯真可爱。

1968 年 / 博罗 / 全家合唱毛主席语录歌

毛主席语录歌是当时最时髦、最流行的革命歌曲，即把毛主席语录配上乐曲演唱。图中一家八口，站在大幅的毛主席画像下，全部佩戴毛主席像章，在一位童真十足的小朋友指挥下唱歌，衣帽服饰带有特殊年代的时代特征。

1968 年 / 高州 / 上山下乡的知识青年在开会

1968年12月，毛主席发出“知识青年到农村去，接受贫下中农的再教育，很有必要”的指示，从此掀起了轰轰烈烈的知识青年上山下乡运动。政府组织众多城镇知青到农村插队落户。“文革”结束之后，大批知识青年返回城市。

1968 年 / 高州 / 根子公社南邦大队评分现场会

当时农村实行工分制，也就是集体劳动评工记分，每天早晨、上午、下午，生产队长安排农活，社员出工干活，到了晚上，记工员按出工时间或按劳动量给每个劳动力一一记工分，最后逐月累计，交由生产队会计核算，家家户户便可按所得的工分进行分配，即分粮、分钱。

1969年 / 博罗 / 渔民捕捞淡水鱼
博罗位于珠江三角洲东北部，是广东重要的农产区，拥有近百万亩可耕地，还有丰富的淡水资源，是著名的鱼米之乡。

1969 年 / 博罗 / 赠送农具给下乡知青

农活是高强度的体力劳动，使用农具也很讲究技巧。城镇知青刚到农村时大多不会干农活，一切都要从头学起。别看是一根扁担，怎样用来挑重物，怎样保持好平衡而不压坏腰肩，并不容易。

20世纪

70年代

1970 年 / 恩平 / 滩涂养蚝

靠山吃山，靠海吃海。横陂镇海湾是恩平的出海口，属咸淡水海域。大片的红树林为这里造就了一万余亩优质的浅海滩涂，是蚝类生长的沃土。

1970年 / 乐昌 / 运输木材

乐昌是广东重要的木材产地。以前木材砍伐后，主要通过北江顺流南下运往珠江口。粤汉铁路通车后，深山老林里的木材得以北运。图为武江河道上的木排和河畔京广线满载木材的蒸汽机车，分别奔向各自的目的地。

1971 年 / 台山 / 大队排球赛

台山素有“排球之乡”的美名。1914年排球传入中国后，在广州念书的台山学子将这项运动带回家乡，同时海外的台山籍华侨也出资为家乡购置器材，推动排球运动在台山的普及。新中国成立后，台山为国家输送了大量优秀的排球运动员和教练员。排球运动在台山也拥有广泛的群众基础，“村村都有排球队，村村都有排球场”。

1971年 / 广州 / 农民运动讲习所

农民运动讲习所旧址，位于广州市中山四路，原为明代的孔庙，清代时重建为番禺学宫。第一次国共合作时期，为配合北伐战争、培养农运干部，国民政府在广州举办农民运动讲习所，1924—1926年共举办六届，其中第六届由毛泽东主持。图中远处为1969年兴建的“毛泽东同志主办农民运动讲习所旧址陈列馆”，俗称“星火燎原馆”，现为广州市少年儿童图书馆。

1971年 / 揭西 / 赤脚医生

20世纪六七十年代，由于条件限制，广大农村地区缺医少药。为了满足农村地区的医务需求，一群被称作“赤脚医生”的基层医护人员出现了。他们没有固定编制，大多经过简单的培训后即上岗，特点是“亦医亦农”，通常白天务农，晚上送医送药。在那个特殊的年代，赤脚医生担负起了数亿农民的基本医疗卫生保障职责。

1971 年 / 珠海 / 海岛上放牧的士兵

珠海拥有面积较大的海岛146个，礁石和沙洲数千，又被称为“百岛之城”。由于地处海边防一线，岛上驻军成为海岛一大特色。海岛与陆地往来不便，岛上军民的生产生活很多时候需要自给自足。

1972 年 / 高州 / **万人渡江**

1972年7月16日，高州隆重举行纪念毛主席畅游长江6周年誓师大会，会后组织万人渡江，畅游鉴江。

1972 年 / 广州 / 珠江轮渡

珠江把广州切割为河北、河南及芳村三大板块。20世纪80年代以前，广州只有人民桥、海珠桥和珠江大桥，市民出行的渠道较少，坐轮渡是三地市民出行的重要交通方式。

1972年 / 乐昌 / 钻研木材运输问题

新中国成立后，乐昌建立起人民公社，打破了原本单家独户经营林业的局面，使劳动力、劳动工具和土地得以集中起来，进一步推动了技术革新，为大规模发展林业生产提供了准备。图为乐昌乡民为了解决山区的木材运输问题，利用轴承装入木轮子，制作出“满山跑”车子。

1973 年 / 南海 / 晾晒生丝

珠江三角洲地区的“桑基鱼塘”是一种具特色的生态农业模式，由此也催生了桑蚕丝织业的发展。桑蚕茧缫后所得即为生丝，闻名中外的“香纱”即产自南海、顺德等地。晾晒众多制作工序中的一道。

1973 年 / 乐昌 / 广播站广播员

20世纪70年代是农村有线广播大发展的时期。1970年，国家在下达国民经济计划时，把办好广播列为首项，全国上下掀起了办广播的热潮。至1973年，全国有线广播网已经基本实现普及。

1974 年 / 海丰 / 美术人员为部队战士画像

汕头地区革命委员会文教办组织美术摄影创作人员，由摄影师马乔带领体验生活。

1974年 / 潮阳 / 粮仓女工

20世纪70年代，全国各地兴建了一批“土圆仓”。这种粮仓的特点是只用稻草和泥巴，造价低、技术含量不高又很实用。在特殊年代，这种粮仓体现了“隐蔽、分散、靠山、机动”的方针。图中粮仓墙上有“深挖洞，广积粮，不称霸”的标语，带有明显的时代特征。

1974 年 / 广州 / 广州火车站新站落成

早在20世纪50年代，广州市政府即决定兴建广州新客站，后来因各种原因修修停停，直至1974年4月10日才竣工。广州火车站新站建成后，成为华南地区最大的火车站，也是广州的新景观地标。

1974年 / 广州 / 广交会新馆

1974年4月初，广交会流花路展馆正式落成并举办第35届广交会。流花路展馆是当时广东省最大的单项民用建筑物，展馆正门上方的“中国出口商品交易会”9个金色大字由郭沫若书写。流花路展馆也是迄今为止“服役”最久的广交会展馆。

1975 年 / 乐昌 / 瑶族村喝大碗酒的瑶民

广东的主要少数民族有壮族、畲族、瑶族等。瑶族主要分布在粤北地区，“南岭无处不有瑶，瑶山无处不有酒”，对瑶民来说，喜怒哀乐，生老病死，一切活动都与酒相关。

1976 年 / 南雄 / 哀悼毛主席逝世

1976年9月，毛主席逝世，粤赣边区的油山，革命老人雷妈妈举着毛主席画像哀悼。

1976 年 / 广州 / 参加“六一”儿童节活动的儿童

“六一”儿童节是孩子们的节日，图中的小朋友在老师手中的小铃鼓和小班长的口哨的引领下，有秩序地参加游园活动。

1976 年 / 梅州 / 小食店的归侨阿婆

20世纪50年代末60年代初，为安置归国华侨，国家在广东、福建等省建立了许多华侨农场，以保障归侨回国后的安定生活。图为1976年冬天蕉岭华侨农场墟场上，越南归侨开的小食店。由于阿婆和气亲切，调味手艺好，小食店越做越红火，多次被当地政府评为文明店。

1977 年 / 广州 / 推车上桥

自行车是普通市民出行的主要交通工具，然而携带自行车过天桥却是非常费力的事情。图中市民推车上桥排成长龙，是当时的一道风景。

1977年 / 湛江 / 批判“四人帮”

为了彻底清除“四人帮”的势力和影响，1976年11月中共中央在北京召开全国宣传工作座谈会，提出要在全国全面揭发批判“四人帮”的罪行，由此掀起一股揭批“四人帮”的高潮。图为电影《创业》剧组与南海舰队揭批“四人帮”的场景。

1978 年 / 广州 / 逛花街

冬去春来，新时代的气息也悄然临近。广州也称“花城”，每年春节前会举办“花市”，供市民购买年花及年货用品。逛花街是广州市民迎接新年的习俗，象征着辞旧迎新的美好意愿。

1978年 / 广州 / 喝早茶

喝早茶的习俗曾在20世纪六七十年代一度中断，“文革”结束后慢慢恢复。虽然户外条件简陋，但市民仍谈笑风生，乐在其中。

1978 年 / 梅县 / 墟日

梅县地处山区，交通不便，各乡镇（也称“墟”）约定每隔一段时间进行集市交易，称为“墟日”。每逢墟日，特别热闹，乡民会把自家的农产品或手工品拿到市场上交易，以换取自己所需的生活用品。

1978 年 / 广州 / 送书到郊区

“文革”结束后，社会上对知识重新重视起来，人们对书籍的需求量大增。新华书店主动派出流动车队，把书送到人民群众需要的地方去。

1979 年 / 广州 / 流花湖边的钓鱼人

新中国成立后，广州市区修建了流花湖、荔湾湖、麓湖和东山湖四大人工湖。人工湖具有蓄洪排洪、调节气温、绿化环境等功能，依托人工湖修建的公园也有休闲娱乐的作用。而修建在市区的人工湖也让钓鱼爱好者无须到江河边即可享受这种乐趣。

1979年 / 广州 / 普通人家

一个简易的小客厅里，两辆自行车紧挨着茶几，上面是一盏旧式拉线电灯，墙上是两幅先人的肖像。

1979 年 / 珠江口盆地 / 钻探成功获得原油

中国对南海北部大陆架的油气勘探开始于20世纪50年代末。在几代科研工作者的努力下，南海珠江口盆地的5号井在1979年8月13日发现工业性油流，实现了南海石油勘探的突破。图为钻探工人振臂欢呼庆祝出油的瞬间。

20世纪
80年代

1980年 / 雷州 / 万元户

1980年9月27日，中共中央印发了《关于进一步加强和完善农业生产责任制的几个问题》的通知，全国有一部分农民辛勤劳动，在积极完成农活的同时，大力发展副业，先富了起来。图为湛江海康县（今雷州市）覃斗镇农民蔡其华，他一家种田、养母牛，年收入加起来超过一万元，成为万元户。

1980 年 / 吴川 / 加工糖酒设备

家庭联产承包责任制不仅给农村带来了极大的变化，也给乡镇企业的蓬勃发展创造了良好的条件。在有利的环境条件下，吴川的乡镇企业如雨后春笋般迅速成长起来，四个“轮子”——乡镇企业、集体企业、联产企业、个体企业一起转的模式，被称为“吴川模式”，与当时的“温州模式”一起驰名全国。图为该县乡镇企业——华正工业公司的工人在露天加工糖酒设备。

1980年 / 梅县 / 观看足球赛

梅县是有名的足球之乡，一代球王李惠堂就是梅县人。新中国成立后，足球界有“北大连，南梅县”的说法。图为1980年香港愉园青年足球队到梅县参加足球比赛。这是境外的球队第一次来到足球之乡打比赛。

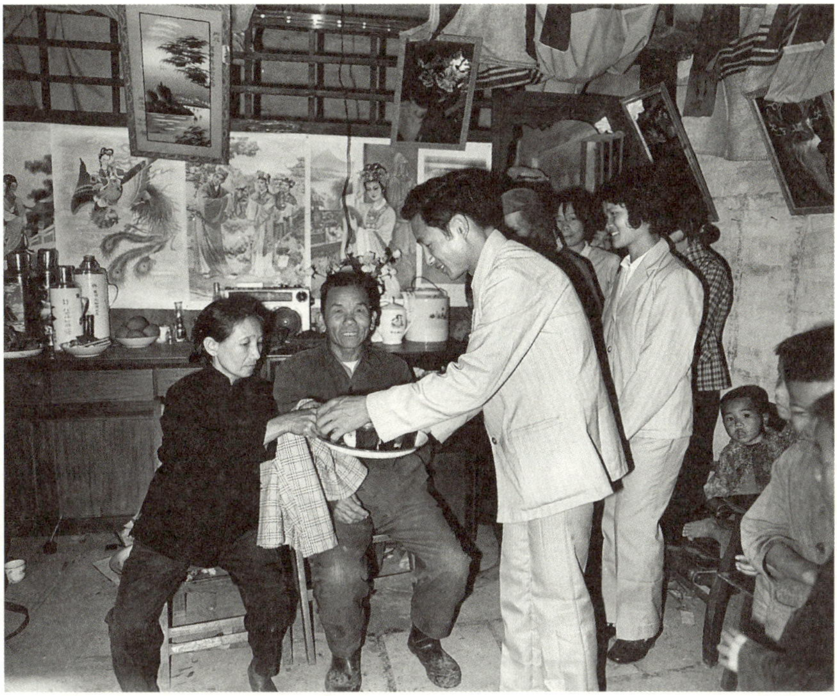

1980 年 / 斗门 / 农家婚礼

新中国成立后，传统婚嫁习俗被简化，新人结婚时穿上洗干净的衣服，亲友间相互通知一下即可，不需要吃婚宴，也不需要彩礼。改革开放后，随着生活水平的提高，相关仪式慢慢恢复。图中的新人穿着朴素的衣服向长辈敬茶。

1980 年 / 广州 / 夜校补课

知识改变命运。大多数知青因为下乡中断了文化课学习。20世纪80年代初，刚从农村回城的广州知青一下班就直奔夜校补习文化，常常课后才吃晚饭。

1981 年 / 丰顺 / 元宵节埔寨镇烧龙

丰顺埔寨火龙是梅州的传统民俗文化活动，每逢元宵或盛大庆典举行，是当地人祈求新的一年风调雨顺、百业兴旺的重要祈福活动，距今有300余年历史。2008年6月，丰顺埔寨火龙被列入国家级非物质文化遗产保护名录。

1981年 / 广州 / 在珠江边卖艇仔粥的小船

艇仔粥是广州著名的小吃。一开始是疍民在自家的小艇（粤语称“艇仔”）上贩卖，一般是用水上人家新鲜打捞的鱼虾蚬蚌等，汇入一锅粥里熬制而成。由于食材新鲜、味道鲜美，很受欢迎。后来陆上的食肆也纷纷仿作。20世纪80年代后，随着最后的疍民上岸定居，图中的场景也随之绝迹。

1981年 / 梅县 / 摩托车从木桥上经过

通过勤劳双手致富的人们开始享受更高水平的生活，摩托车逐渐成为先富起来的人们的新宠。图中地处偏远山区的五华，简易的原生态木桥上，骑着摩托车的男人和骑着自行车的女人迎面而行。

1982年 / 广州 / 高第街时装摊

为解决大批回城知青的就业问题，政府鼓励回城知青自谋职业，做小生意。由于觉得社会地位低，许多个体户开门做生意时总是躲躲闪闪。图中这位回城知青，怯生生地躲在档口下等待买主，她害怕被熟人看见，警惕地东张西望。

1982 年 / 东莞 / 挂着客家特色裙式遮阳帽子的服装厂车间

“三来一补”带来了工业化浪潮，再加上家庭联产承包给农村产业结构带来的变化，农村出现了大量剩余劳动力，推动了农民“洗脚上田，穿鞋进厂”。

1982 年 / 始兴 / 民间保存的《张氏族谱》

广东是宗族组织形态保存较完整的地区，民间的宗族归属感较强。族谱是维系宗族认同的重要途径。图中几大摞的族谱令人叹为观止，其中记载了唐朝名相、始兴人张九龄。

1982 年 / 韶关 / 在公园里溜旱冰的青年
人们的文娱生活日渐丰富，各地的公园是年轻人重要的活动场所。溜旱冰对场地要求不高，又具有休闲娱乐的特点，因此受到男女青年的喜爱。

1982 年 / 广州 / 托运行李

地处改革开放前沿的广州渐渐成为中国的“购物天堂”，在当时许多国人心目中就是个“买东西的地方”。高第街、西湖路、南方大厦等都曾是外地人到广州必逛的购物场所，当时谁要是有机会去广州出差，亲友同事都会嘱咐代为购物。图中这两位外地出差者在广州火车站广场正背着采购来的物品去托运。

1982年 / 广州 / 路边的“思想者”

广州毗邻港澳，是“改革开放先行一步”的地方，许多外地干部像学大寨一样到广州参观学习。图中三个身穿中山装的人，典型的蹲姿，在农林下路街口，看着车水马龙，若有所思。

1983 年 / 广州 / 首届大龄青年集体婚礼上的一对夫妇
回城后找不到对象的30多岁的知青被称为“大龄青年”。1983年，团市委在市第二工人文化宫举行了第一届“大龄青年集体婚礼”。图中这对大龄夫妇捧着鲜花，沧桑的脸上是幸福的神情，但又露出一点尴尬和彷徨。

1983 年 / 广州 / 美国“夏威夷水仙花皇后访问团”引起轰动

美国夏威夷华人团体组织了“夏威夷水仙花皇后访问团”回国观光、探亲。该团由于有夏威夷华人选美的“皇后”和“公主”，所到之处经常被人们围观。那时候国内的人们对国外的选美活动充满了好奇。

1983 年 / 广州 / 区庄立交桥

立交桥是一种现代化桥梁工程，是交通现代化和地区城镇化的必然产物。区庄立交桥是国内首座四层双环式立交桥，于1983年12月建成，其规划和设计荣获1985年国家城建部科学技术进步一等奖。

1983 年 / 中山 / 民居上架设的鱼骨天线
广东沿海地区不少家庭开始有了黑白电视。当时内地电视台节目频道少，播出时间短，于是很多家庭在自家天台架设带有放大器的鱼骨天线，收看香港电视节目。鱼骨天线成为南粤大地一道独特的景观。

1983年 / 梅县 / 看飞机

为了适应归国华侨和来往客商的需要，梅县将山区一个简易军用机场改为民航机场。四乡百姓闻讯后纷纷扶老携幼，结伴前来看飞机。

1984 年 / 广州 / 容志仁的“学生早餐”

1980年，中共中央转发全国劳动就业会议议定的文件《进一步做好城镇劳动就业工作》，这代表从中央层面正式承认了个体经济的合法地位。1983年1月，广东省人民政府颁布《广东省城镇个体商业户管理试行办法》。返城的广州知青容志仁顺应时代发展，用自己的勤劳双手致富，成为一代创业青年的偶像。

1984 年 / 深圳 / “时间就是金钱，效率就是生命”

“深圳速度”一度成为改革开放的代名词，成为中国大踏步追赶世界先进水平的真实写照。“时间就是金钱，效率就是生命”这句诞生于深圳蛇口工业区的宣传语，折射出深圳人追求效率的一股子拼劲儿，是深圳经济特区突破重重阻力、杀出一条血路精神的集中体现，被誉为“冲破旧观念的一声春雷”。

1984 年 / 徐闻 / 进口汽车给牛车让路

牛车是徐闻独特的交通工具。雷州半岛盛产黄牛，在交通落后的年代，牛车是理想的运输工具。改革开放前，徐闻几乎是出门遇牛车、上街见牛车，牛车比比皆是。即使是现代交通工具兴起后，牛车在很长一段时间里仍然占据重要的地位。

1985 年 / 广州 / 西湖路灯光夜市

广州西湖路灯光夜市创建于1984年，是全国最早开办的夜市，每天入夜开市前，商户用竹竿沿着马路两边搭建成一个个档口，每档都悬挂着一盏电灯，人流从马路中间经过。夜市吸引了夜生活并不丰富的大批市民，也吸引着许多外地游客，曾有“未去西湖路，不算到广州”之说。

1985 年 / 广州 / “青春美大赛”初赛现场

团市委为了配合“两个文明建设”和“五讲四美三热爱”活动，策划了一次选美活动，叫“首届羊城青春美大赛”，比赛不仅要面试形体仪容，而且要笔试文化知识；不仅选女性，也选男性。

1985年 / 广州 / 完工后的花园酒店

广州花园酒店是改革开放后中国引入外资建设的第一批高端酒店之一，生于广州的建筑大师贝聿铭也参与了设计。

1985 年 / 珠海 / 外资企业的女工

特区具有政策优势，吸引了一批外商前来投资。外资企业不仅带来了资金，更带来了先进的生产工具和管理制度。图中位于珠海的外资企业，培养出中国最早一批用电脑干活的产业工人。

1986 年 / 广州 / “内部”时装表演

香港商人霍英东从上海请来了一个时装表演队，在公开表演之前，先进行了一场“内部”表演。后来这场走秀顺利在白天鹅宾馆进行公开表演，成为广州首个时装表演。时装表演和时装模特行业自此开始在社会上走红。

1986 年 / 广州 / 英国女王到达黄埔港

《中英联合声明》签署后，中英关系迎来了“史上最佳时期”，英国女王伊丽莎白二世对中国进行国事访问。这是历史上英国君主对中国的第一次访问，具有重大意义。广州是女王访华的最后一站，准备接女王归国的英国游轮停泊在黄埔港。

1986年 / 广州 / 北京路立交桥上吃饭的民工

“东西南北中，发财到广东。”20世纪80年代在珠江三角洲打工的外省民工达400多万人。

1986 年 / 广州 / 被围观的外国人

社会风气逐渐开放，但人们对于“金发碧眼”的外国人仍然十分好奇。意大利摄影家洛伦佐·麦朗先生正准备在广州火车站广场上拍照，立即被旅客围观，于是他亮出了自己的海报。

1987 年 / 广州 / 排队买票

第六届全国运动会在广州举行。球迷们为了买门票要排很长的队，为防止插队，后面的人紧紧抱着前面的人。

1987 年 / 广州 / 穿过小巷的新人

随着生活水平的改善和外来文化的传入，传统的婚嫁习俗也吸收了一些西式婚礼的元素。当时广州流行租的士当花车来接新娘，花车进不去巷子，穿着白色西装的新郎和穿着红色婚纱的新娘从巷子里走出，背后是因传统婚礼习俗新娘出门讲究“不见天”而撑的伞。

1987 年 / 广州 / “大姐大”打“大哥大”

“大哥大”是手提电话最初面世时的称呼，因其像砖头大小而得名。1987年，广东省开通全国第一个移动通信网，“大哥大”是那个年代豪奢时尚的象征，价格动辄几万元仍一机难求。

1987 年 / 深圳 / 中国土地“第一拍”

1987年12月1日，深圳率先引入香港土地拍卖制度，首次举行国有土地拍卖。图中是时任深圳经济特区房地产公司总经理的骆锦星举着11号牌子，以525万元的价格拍下了一块住宅用地。这次拍卖会开中国有偿使用土地的先河，被誉为“中国经济体制改革的里程碑”。

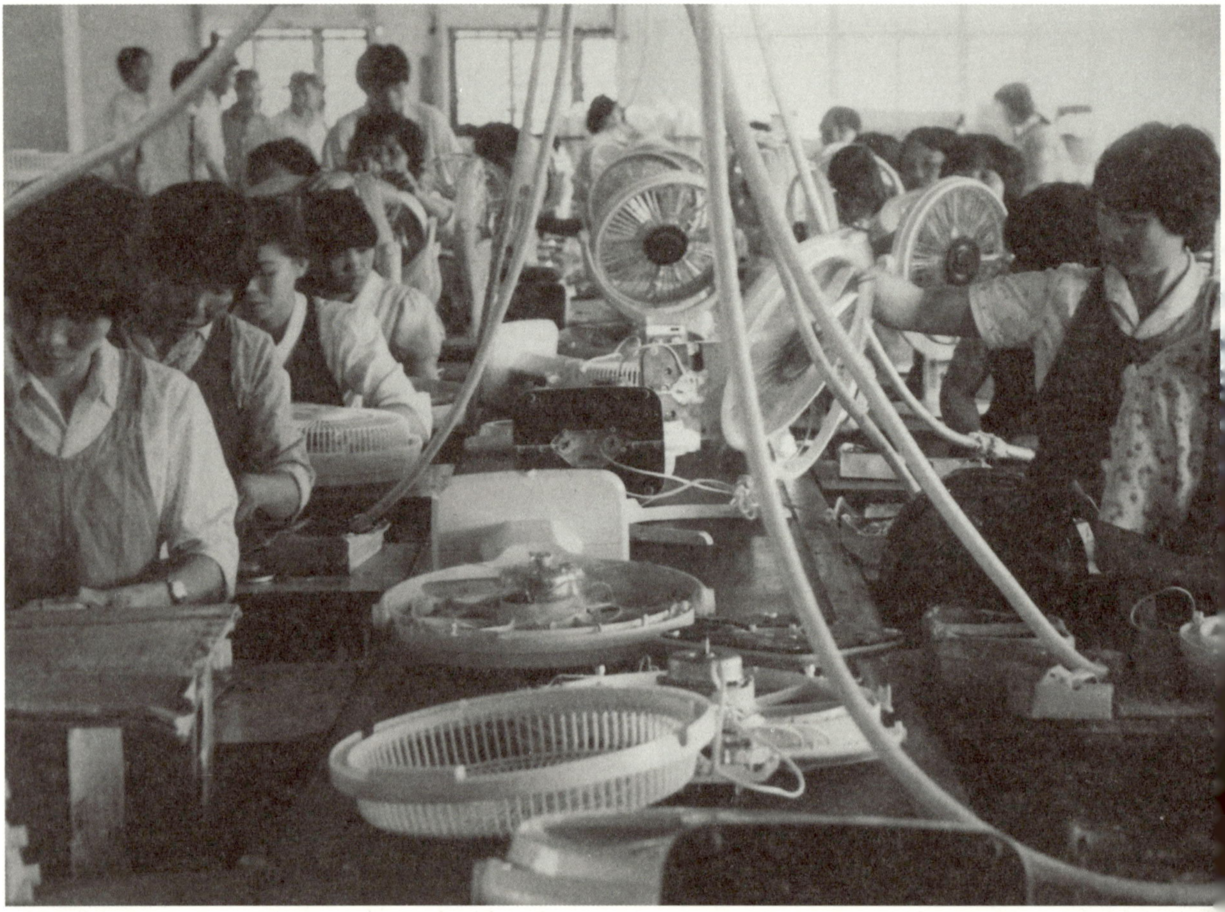

1988 年 / 顺德 / 电扇组装流水线上的女工

顺德被称为“风扇城”，有裕华、美的等电风扇厂。这些企业大多从港澳地区弄回新式产品，然后拆解、仿制、改造，快速推向市场，大受欢迎。

1988年 / 中山 /

农家的钢琴

中山沙溪乡有近百户富裕起来的农家，给儿女们买来了钢琴，他们还从广州和北京聘请了钢琴教师。钢琴这种阳春白雪的高档消费品进入了农家。

1988 年 / 广州 / 首届“美在花城”模特大赛

广州电视台将“香港小姐”的模式引进内地，举办首届“美在花城”电视广告模特大赛。由于“选美”一词在当时还被视为“洪水猛兽”，最初的比赛并没有出现“选美”字样。

1988年 / 东莞 / 排队打饭的工人

东莞是“三来一补”企业最多的地方，农民工来自全国各地。工人工作强度大，也没有什么业余消遣，吃饭是难得的轻松时刻。

1989 年 / 深圳 / 国贸大厦顶层的旋转餐厅

深圳国贸大厦是深圳特区早期建设的一座标志性建筑，是集金融、商贸、饮食、观光于一体的多功能现代建筑。其建设实现了“三天一层楼”的壮举，成为特区建设“深圳速度”的代名词。图中的男女身处国贸大厦53层的旋转餐厅，俯瞰深圳夜景。

1989 年 / 深圳 / 街头行人

经过近十年的建设，深圳特区已初具规模。图中远处既有已经建成的摩天大厦，也有正在建设中的新大楼，近处是临街搭棚的街市，小摊上果品琳琅满目。

20世纪
90年代

1990 年 / 深圳 / 深南大道拓宽工程

深南大道是深圳的一张名片，也是这座城市的地标，就像长安街之于北京、东方明珠之于上海。自1979年开建以来，深南大道进行了多次拓宽工程，容纳了越来越多的车流，这也是深圳经济飞速发展的体现。

1990 年 / 珠海 / **珠海港拉开全面建设序幕**

珠海具有独特的区位优势、优越的港口条件，经济发展潜力巨大。1990年，高栏港连岛大堤正式开工。“开发大西区，建设高栏港”，珠海从一个普通的小县城逐渐向环境优美的现代化城市发展。

1990 年 / 阳江 / 风筝节上的“蜈蚣”风筝

第七届国际风筝节在阳江举行。阳江被称为“南国风筝之乡”。“北有潍坊，南有阳江”，阳江背山面海，地势开阔，十分适宜放风筝。每年重阳节阳江都会举办风筝比赛，吸引了来自国内外的风筝爱好者。

1990 年 / 韶关 / 乐昌武江九泷十八滩上漂流的游客

九泷十八滩位于韶关乐昌的坪石镇至乐城镇之间的武江河段，全长65公里，落差61米，是全国最早开发的江河漂流河段之一。河道蜿蜒，水流湍急，落差大，沿河两岸层峦叠嶂，江心岸边怪石嶙峋，滩中有泷，泷中有滩。

1991 年 / 深圳 / 早期的证券交易所

深圳证券交易所成立于1990年12月1日，为证券集中交易提供场所和设施。深交所在改革开放、特区建设中孕育诞生，开新中国证券集中交易的先河。

1991 年 / 广州 / **铁路工人宿舍区**

铁路工人日常的工作是十分枯燥而辛苦的。广州铁路工人宿舍内的工人们都有着自己的专长和业余爱好。下班后，工人们开始了自己的业余生活，吹拉弹唱，手工制作，其乐融融。

1991年 / 广州 / 首届世界女足锦标赛团体操《金凤展翅》

第一届世界女子足球锦标赛由中国足球协会和广东省人民政府承办，1991年11月16日至30日在广东省广州、江门、佛山等地进行决赛，世界各国共同参与。11月30日晚，在广州市天河体育场举行了冠亚军决战和闭幕式。美国队获得第一届世界女子足球竞标赛冠军，中国队位列第五。

1991 年 / 广州 / 在书市里选购图书的儿童

第四届全国书市于1991年8月31日至9月11日在广州举行。这是中国出版界展示繁荣的一次盛会，也是满足广大市民的精神文化生活需求的一次盛会。这次书市的主题是“让书香满羊城”。

1992年 / 深圳 / 深南大道上的邓小平巨幅画像

1992年1月18日至2月21日，邓小平先后到武昌、深圳、珠海、上海等地视察，发表了一系列重要讲话，统称南方谈话。他重申了深化改革的必要性和重要性，对改革开放起到了关键性的推动作用。1992年6月28日，深圳市的深南大道旁、荔枝公园东南口广场矗立起邓小平画像。

1992年 / 深圳 / 抢购股票潮中的失落者

新中国股权交易开始时中国股民还没有大规模买卖的机会。1990年，两家证券交易所分别在上海和深圳成立，中国股民才开始大量交易股票。1992年，深交所决定发售新股认购抽签表。股民每个身份证限购一张，每人限购10张，每张可认购1000股。上百万中国股民涌进深圳抢购股票。

1992年 / 深圳 / 中英街“一街两制”

中英街位于深圳市盐田区沙头角镇，街一侧属于深圳，另一侧属于香港。中英街是一个历史遗留问题，它既是边界，又因为靠近商业发达的香港，在改革开放之前是接近资本主义社会的敏感之地，在改革开放之后则是靠近香港的机遇之地。

1992 年 / 深圳 / 冷清的国营商店里，店员在做眼保健操

十一届三中全会后，以公有制为主体，多种所有制经济共同发展的基本经济制度开始实行。改革成为整个时代思考和行动的主题，如国有企业承包制、市场定价、股份制，组建国有资产管理局等，都对中国的经济体制改革起到了重要作用。国营商店受到各种民营企业的冲击，不再具有优势，逐渐变得冷清。

1992 年 / 珠海 / 珠海经济特区首次重奖科技人员

珠海科技重奖是经邓小平首肯的国内首项科技重奖，开了先河，以注重科技成果、奖励丰厚闻名。对珠海市有突出贡献的科技人员得到重奖，吸引了更多的人才，加速了科技成果的商品化和产业化。

1993 年 / 深圳 / 女保安训练

改革开放以来，女性在就业方面获得更广泛的参与空间及更灵活的就业选择。女性从业者也逐渐涉足那些传统中一直由男性垄断的行业，如保安、保镖，体现了新女性的时代风貌。

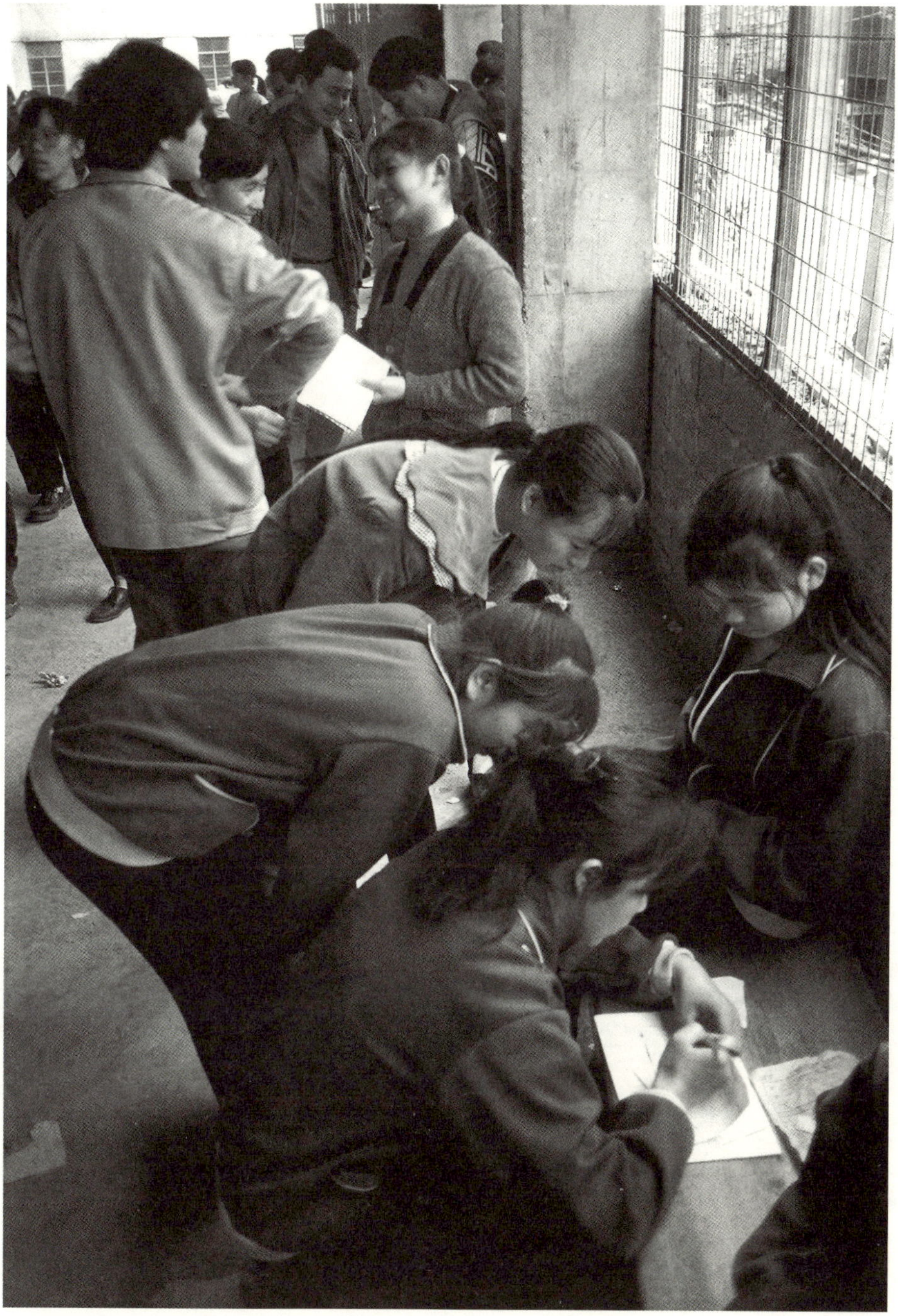

1993 年 / 深圳 / 在邮局汇款回家的打工妹

随着“中国制造”的兴起，大量工厂在深圳出现，随之而来的是全国各地的年轻力量，其中女性日益增多。她们在工厂的流水线上体现着自己的价值，为自己在城市中找到一席之地。

1993 年 / 顺德 / 清晨的九江码头上装运塘鱼外销
顺德是有名的鱼米之乡，许多人以渔业为生。清晨的九江码头上，当地渔民在称一桶桶的鱼，准备外销。

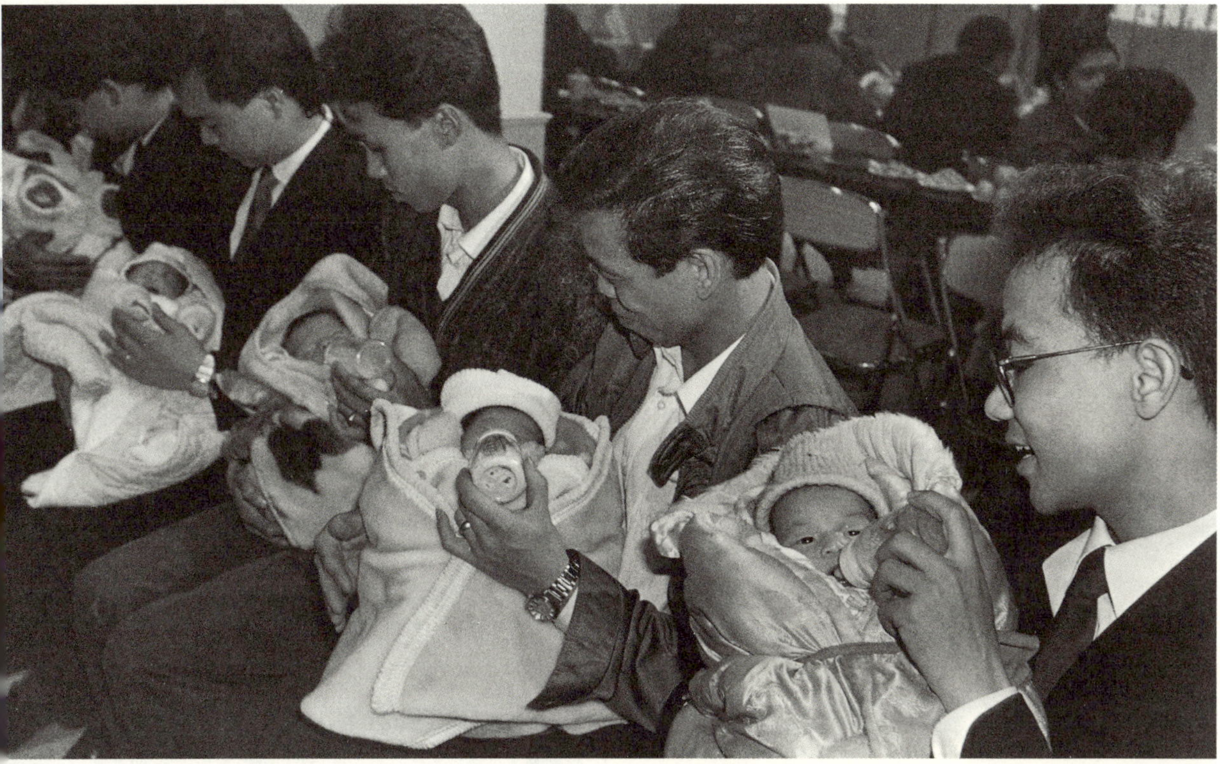

1993 年 / 广州 / 下九路妇幼商场的“奶爸”一族

广州下九路妇幼商场一角，一群初为人父的大男人在学习如何抱孩子和给孩子喂奶，认真地当起“奶爸”来。尽管初为人父，但他们的动作很标准，神情很专注。

1993 年 / 广东 / “十年绿化广东”提前实现

从1985年至1993年，广东的森林覆盖率从27.7%上升到53.6%，“十年绿化广东”的宏伟目标也提前实现。自然灾害逐年减少，农业生产条件明显改善，处处呈现出山清水秀、风光旖旎的南国景象。

1994年 / 广东 / 解放军官兵奋不顾身，抗洪抢险

广东部分地区遭受新中国成立以来最严重的洪涝灾害。全省受灾面积111万公顷，受灾人口952.6万人，伤亡5000多人，直接经济损失180多亿元。在这次洪灾中，解放军战士奋战在第一线，保护着灾区群众的人身财产安全。

1994 年 / 深圳 / 中国首次泳装女模特摄影大赛

中国首次泳装女模特摄影大赛在深圳东涌海滩举行。随着改革步伐的加快，人们的思想观念发生变化，这种曾经被认为过于暴露的泳装，也登上了舞台，展现女性自然、美丽、自信的姿态。在中国，比基尼泳衣首先在大都市中流行起来。

1994年 / 潮州 / 跳皮筋
跳皮筋是20世纪八九十年代深受儿童喜爱的一种游戏。在潮州市东凤镇，小朋友们在祠堂里的空地上开心地跳皮筋。

1994 年 / 广州 / 小摊档也做大广告

随着中国福彩事业的发展，彩票代售点纷纷出现，有些档口以十分接地气的广告来吸引彩民光顾，成为一道谐趣的风景线。

1995年 / 广州 / 地铁工人

1993年12月28日，广州地铁1号线正式动工，标志着广州市交通运输揭开了崭新的一页。图为1995年地铁工人的工作现场。

1995 年 / 广州 / 在火车站举牌子接老乡的外省人

许多外来打工者前来广州务工，往往是老乡介绍老乡，以便互相照应。

1995 年 / 广州 / 搬屋工人背大柜

许多人乔迁新居，随之出现了专业的搬家公司和搬家工人。

1995 年 / 广州 / 礼仪小姐

随着广州经济的多元化发展，会展行业的大步向前，当地的礼仪小姐这一职业也如雨后春笋，破土而出，许多专业的礼仪公司纷纷注册成立，为开幕剪彩、奠基典礼、庆典迎宾等活动提供专业的礼仪服务。

1995 年 / 广州 / 参加圣诞节化装舞会的女孩们

化装舞会等西方舶来事物因热闹的适宜聚会的特性，深受年轻人的喜爱。许多女孩打扮起来，戴上面具，穿上礼服，参加圣诞节化装舞会等活动。

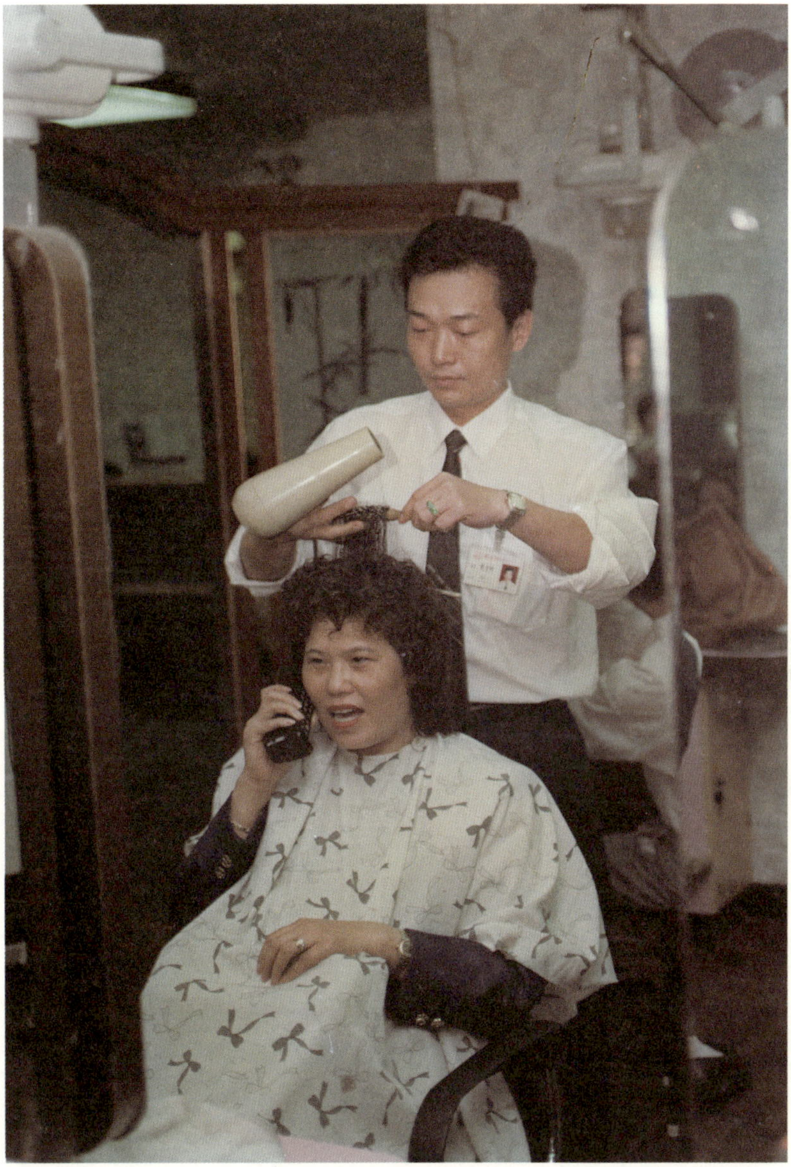

1996年 / 广州 / 边烫发边打电话的妇女

广州的一家小理发店内顾客盈门。图为一名追求新时尚的时髦女性，边烫发边打电话。

1996年 / 广州 / 租女王座驾劳斯莱斯接新娘
广州婚嫁风俗也受到了对外开放风气的影响。当时白天鹅宾馆以每4小时2800元的租价，将劳斯莱斯轿车出租给市民作为接新娘的花车。这辆车在1986年英国女王来访时当过女王的座驾。

1996 年 / 广州 / 等待接孩子放学的家长

在城市里上小学的孩子大都需要家长接送。每天放学的时候，小学校门口都挤着众多等待接孩子的家长。每逢下雨天，家长们花花绿绿的伞也成了别样的风景。

1997 年 / 深圳 / 庆祝香港回归

1997年7月1日，香港重回祖国怀抱。中英街界碑前游行庆祝香港回归的人们扭起了大秧歌。

1997年 / 广州 / 航天奇观游乐场展览的“长征三号乙”火箭

广州航天欢乐世界原名为航天奇观，主要有航天科技馆、火箭发射指挥中心等景观。航天奇观曾风光一时，有我国“长征三号乙”运载火箭实体在此展览，是不少广州人童年的美好记忆。

1997年 / 广州 / 下岗女工参加培训班

在市妇联组织的培训班上，下岗女工在学习电脑，积极学习新技能，争取再就业。

1998年 / 广州 / 珠江新城动工

早在1992年，广州城市中央的这片6.6平方公里的农田就规划为未来的城市中心，即珠江新城。如今的珠江新城是广州天河中央商务区（CBD）的主要组成部分，也是整个广州的新地标。

1998年 / 长江流域 / 在抗洪第一线采访的广东记者

1998年，长江、嫩江、松花江发生特大洪灾，广东军民以极大的热情投入和支援抗洪斗争，捐款、捐物总值达6.2亿元，派出50支医疗队赴灾区服务。大批新闻记者奔赴抗洪前线采访报道，不畏艰苦，奋战在抗洪抢险的第一线。

1998 年 / 广州 / 地铁 1 号线建成

1998年12月28日，全长18.48公里的广州地铁1号线全线建成。广州是继北京、天津、上海之后内地第四个建成地铁的城市。

1998年 / 汕头 / 南澳岛上的渔夫与外地情侣

南澳县是广东唯一的海岛县。蓝天、碧海、绿岛、金沙、白浪是南澳岛的主色调。20世纪90年代以来，南澳岛的旅游业逐步发达，外地游客纷纷来此，登海岛、住海滨、沐海风、浴海水，和当地居民的生活相映成趣。

1998 年 / 梅州 / 客家围屋里的小学生

客家围屋是客家人历史上南迁后的常见民居，风格独特。经历了无数风霜雪雨、战火纷飞，今天，这些围屋依旧巍然挺立，依然发挥着聚拢客家人的作用，成为客家人的乡愁所系。

1999年 / 广州 / 庆祝澳门回归

1999年12月20日，澳门回到了祖国母亲的怀抱。广州各界举行庆祝澳门回归祖国联欢晚会。

1999年 / 广州 / 大学生在美国领事馆前抗议北约轰炸中国驻南大使馆

1999年5月7日夜间，北约的美国B-2轰炸机发射三枚炸弹击中了中国驻南斯拉夫大使馆。中国民众群情激愤，全国多地爆发大规模反美示威活动。广州大学生到美国领事馆前示威游行，提出抗议。

1999年 / 广州 / 参加反毒品游行的广州中学生

6月26日是国际禁毒日，即国际反毒品日。1999年，国际禁毒日的主题是“亲近音乐，远离毒品”。广州市民众自发走上街头，参与禁毒日的各项宣传活动。

1999 年 / 广州 / 街头打公用电话

20世纪90年代的街头，公用电话亭处处可见，市民使用储值电话卡即可随时随地与亲朋好友取得联系。

21世纪
00年代

2000 年 / 广州 / 三代同堂

在一个普通广州家庭的三代人合照中，可以看到改革开放以来普通民众生活水平的提高和生活的稳定、平安与幸福。

2000年 / 广州 /

蹦极

蹦极是极限运动的一种，很多人喜欢享受蹦极时从几十米或者几百米高空一跃而下的快感，全方位欣赏周边的美景，释放自己的压力。对于生活在广州的人们而言，蹦极的地点有很多选择，蹦极这种运动也越来越受到人们的喜爱。

2000 年 / 从化 / 人体摄影发烧友在山林溪水间拍摄

人体摄影作为摄影艺术的一种，在广州也有因热爱而投入其中的群体。早在摄影艺术传入中国不久，就有摄影家对人体摄影进行了大胆尝试。

不能让光明被邪恶抢走了，我们即使正义的力量非常小，我们也要把光明夺回来。不能粉饰，要真诚。

——廖冰兄

2000年 / 广州 / **廖冰兄作品回顾展**

2000年在广州举办了著名漫画家廖冰兄的作品回顾展。廖冰兄（1915—2006），原名东生，祖籍广西象州，生于广州。他的讽刺漫画以入木三分著称。

2000年 / 广州 / 长龙迎接新千年

2000年12月31日，新千年即将到来之际，广州制作了一条长达1000米的长龙，在上下九步行街舞动长龙迎接新千年的到来。

2001年 / 佛山 / 三峡巫山移民落户三水

1202名重庆巫山移民经长江，过三峡，越千山，终于来到了自己的新家——三水，受到当地居民的欢迎。

2001年 / 广州 / 广东奥林匹克体育中心落成庆典

广东奥林匹克体育中心位于广州市东圃黄村，是广东为承办第九届全国运动会而兴建的现代化体育场馆，于1998年12月31日开始建设，2001年9月31日正式竣工。建筑风格既突显了新颖浪漫的现代设计感，又融合了岭南地方文化特色，具有丰富的象征意义，名列羊城新八景之一，称“五环晨曦”。

2001 年 / 梅州 / 金柚之乡的丰收场面

梅州市梅县区是全国最大的金柚商品生产基地，1995年被国家命名为“中国金柚之乡”。梅县金柚果大形正、金黄可爱，清甜如蜜，营养丰富，多年以来凭借着“金品质”名扬海内外，素有“柚中之王”“岭南佳果”和“天然罐头”的美誉。

2001 年 / 深圳 / 观看现代雕塑
几位年轻人好奇地在墙头上观看现代雕塑。深圳是现代文化的前沿，许多现代艺术家在这里生活和创作。

2001 年 / 广东 / 山区孩子在认真上课

2001年9月起，广东每年安排专项资金3亿元，用于免收全省农村困难家庭子女义务教育阶段所有书杂费，穷孩子读书不用再交一分钱，享受完全免费的义务教育。广东的这一创新之举，在全国尚属首次。

2002年 / 广州 / 一届两期广交会

第91届广交会是中国加入世贸组织后的首届广交会，2002年4月16日在广州开幕。本届广交会的展期首次实行改革，即由以往的每届十一天半，改为一届两期。广东通过广交会这个窗口逐步融入世界贸易的大家庭。

2002年 / 广州 / **广州港集装箱码头**

2002年，广东省地区生产总值首次超过万亿元，在经济总量和地方财政收入上均实现了新的历史突破，对全国的贡献进一步加大，也为其他省区市的劳动力提供了众多就业机会。

2002 年 / 广州 / 与飞机合影的外地游客

广州旧白云国际机场位于白云山西边，曾是中国三大机场之一。当时的机场离市区很近，人们经常可以看到低飞的飞机，外地游客也不愿错过与之合影的机会。

2002年 / 广州 / 粤剧艺术家红线女

2002年，广东省人民政府在广州友谊剧院举行的粤剧新年盛会上，表彰了红线女、罗品超等一批杰出老粤剧艺术家。红线女被授予“粤剧艺术杰出贡献奖”。

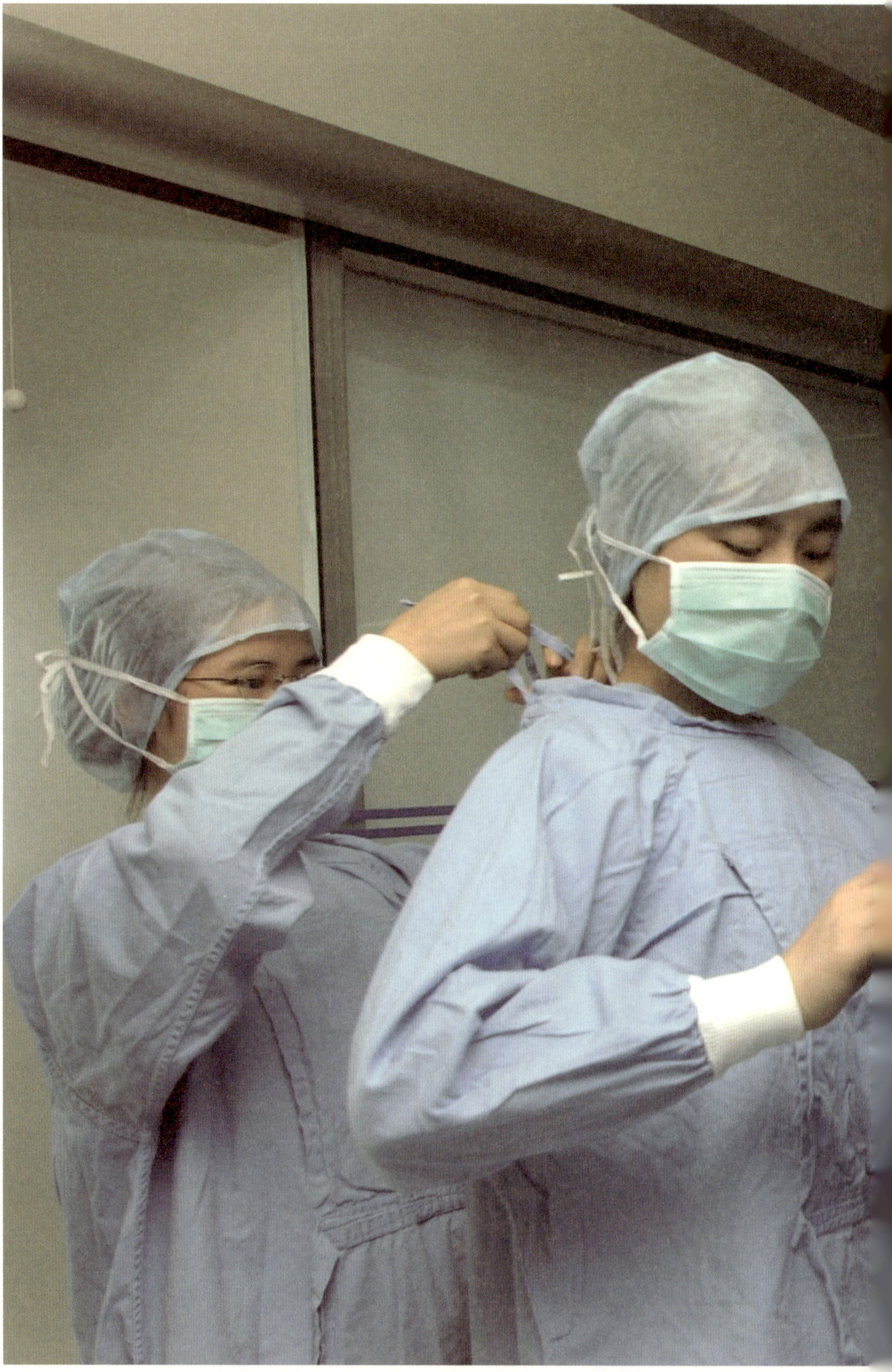

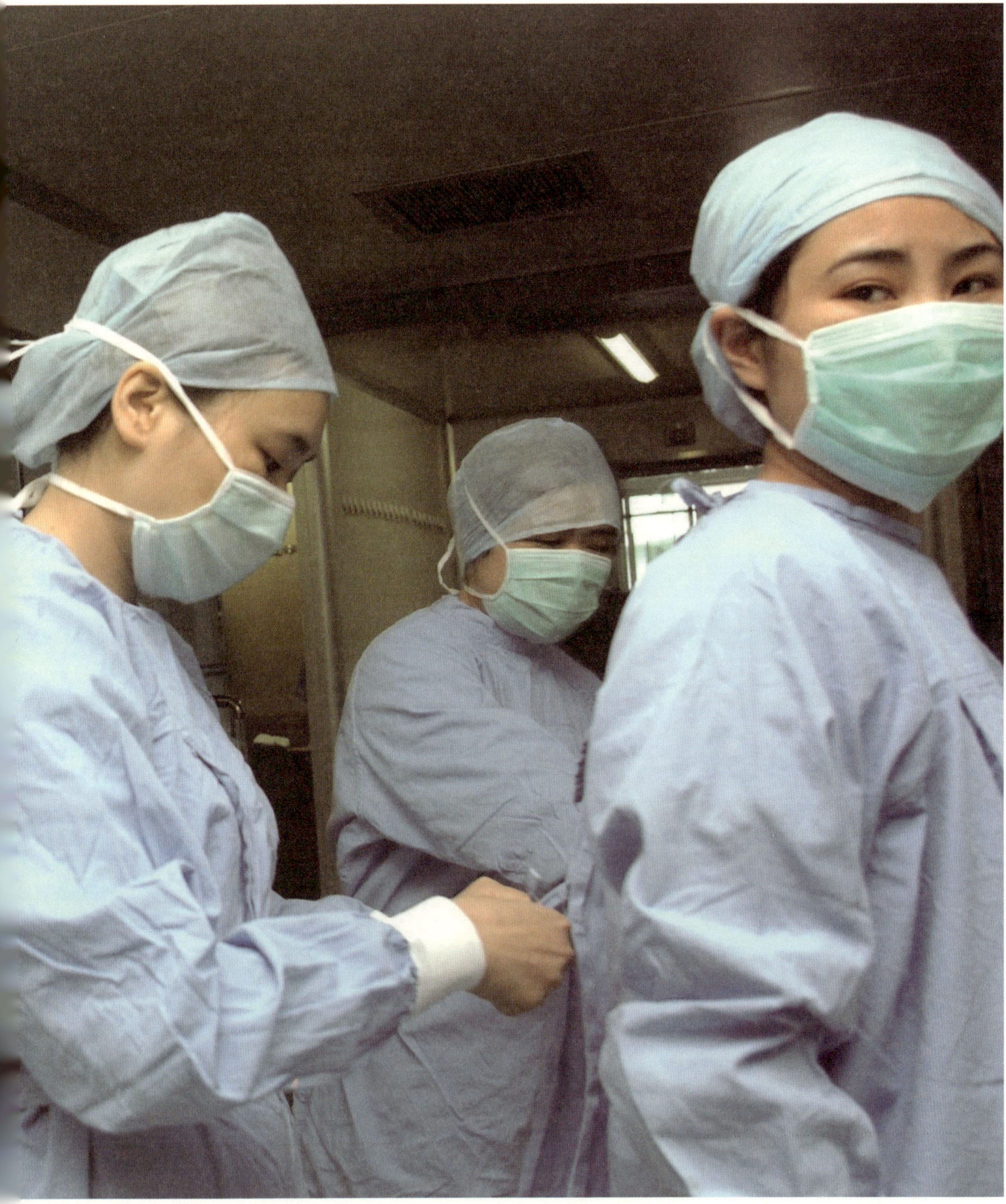

2003年 / 广州 / 抢救“非典”病人的一线医护人员

2002年底，一场突如其来的新型传染病——非典型性肺炎暴发于广东，给人类的健康造成严重的威胁。2003年3月后，疫情向全国扩散，广州是抗击“非典”疫情的主战场。

科学只能实事求是，不能明哲保身。

——钟南山

2003 年 / 广州 / “非典妈妈”平安诞下双胞胎

2003 年 2 月 14 日，全球首位怀孕期间患“非典”的母亲顺利产下双胞胎儿子，在医护人员的尽力救治下，三天后她病情好转，母子平安。

2003 年 / 深圳 / 皇岗口岸出入境人数突破 2000 万

2003年1月27日0时，皇岗口岸正式实行“24小时通关”——深港之间的人流、物流首次实现同时、不间断交流。在深港合作呼声日高的今天，24小时通关被誉为“深港合作的一个里程碑”，为往返深港的旅客提供极大便利。

2003 年 / 深圳 / 宝安福永镇的老两口

"老有所养，老有所乐"，深圳宝安福永镇的老两口享受着幸福的晚年生活。

2003 年 / 广州 / “羊城金钟响”

自2003年起，中国音乐最高奖金钟奖永久在广州举办，每年一届。图为广州市青少年音乐广场活动“羊城金钟响”。

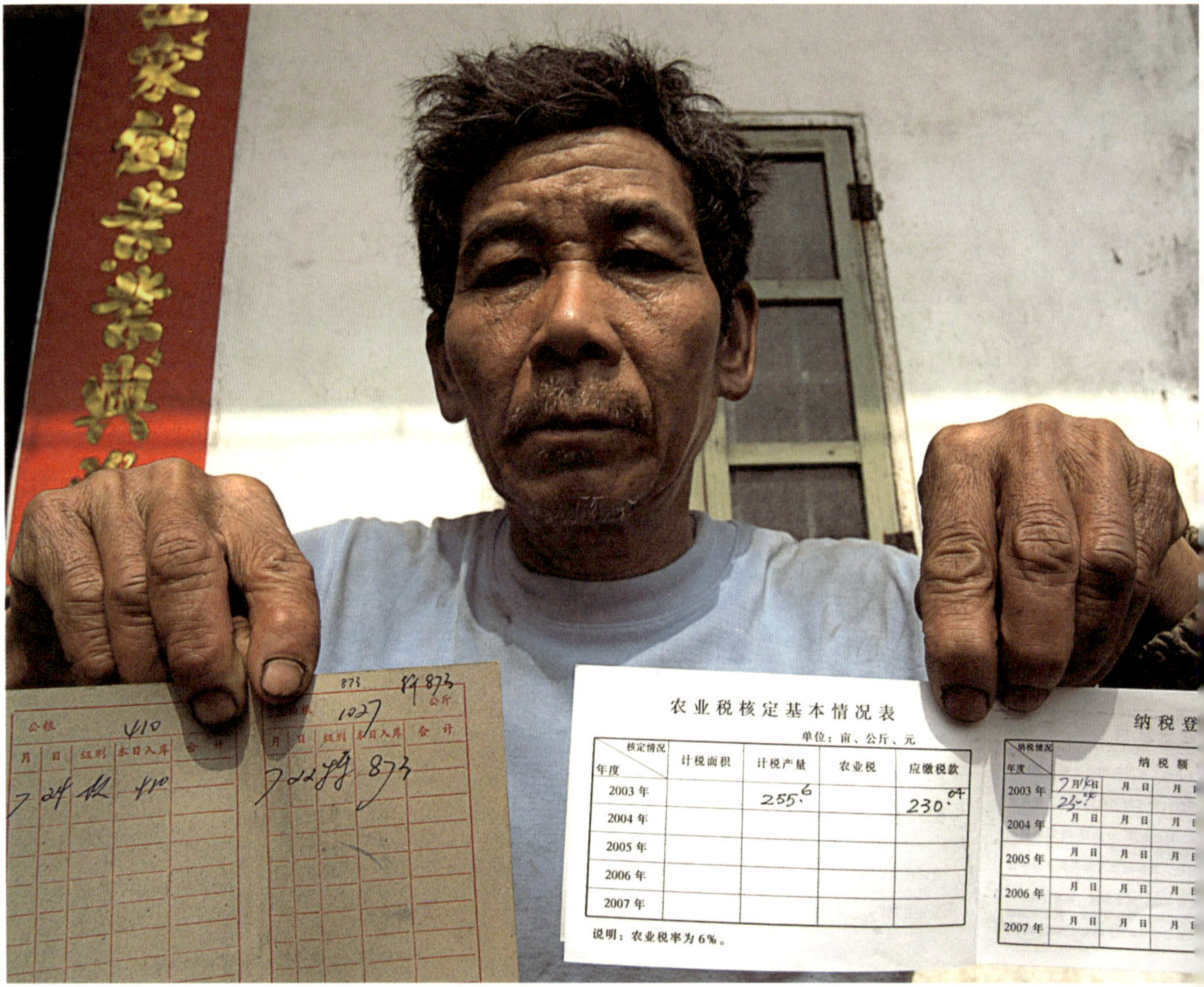

2004 年 / 广州 / 农业税取消

农业税是国家对一切从事农业生产、有农业收入的单位和个人征收的一种税，俗称“公粮”。2004年，广州南沙区横沥镇农民从农业税核定基本情况表上看到农业税已减免，十分开心。

2004年 / 广州 / 申办 2010 年亚运会成功

2004年7月2日8时40分，亚奥理事会主席宣布广州获得2010亚运会举办权。瞬间，羊城沸腾了！人们挥舞着手中的红旗，欢呼雀跃，抒发申亚成功的喜悦心情。

2004年 / 广州 / 新白云机场正式启用

2004年8月5日0时01分，新白云机场正式启用，历经72年风雨的老白云机场退出历史舞台。老机场最后送走的一架载客飞机是CZ3265广州—湛江航班，而新机场最早迎接的“客人”是洛杉矶到广州的CZ328国际航班。

2004 年 / 广州 / 大学城迎来第一批新生

2000年8月，广州大学城启动了选址工作。2004年6月底，建造工作基本完成。2004年9月1日上午，广东药学院3000多名来自各地的2004级新生“先吃螃蟹”，在广州大学城里举行开学典礼，正式开始全新的大学生活。

2004年 / 广州 / **粤菜师傅**

粤菜是深受广东人民喜爱的菜系。在广州餐饮界一线，有着很多辛勤奉献的粤菜“前辈高手”，其中不乏粤菜泰斗级大师，也有着许多年轻的传承人。

2005 年 / 珠海 / 珠海保税区工地建设现场

南方航空（集团）公司与德国MTU航空发动机公司在珠海度假村签订协议，双方共同投资1.89亿美元，在珠海保税区建造一个国内规模最大、维修等级最高的航空发动机维修基地。MTU项目在滂沱大雨中奠基。经过工程建设者11个月的日夜奋战，珠海MTU工程进展顺利，主厂房已拔地而起。

2005 年 / 佛山 / **粤剧老艺人表演**

粤剧又称为广府大戏、广府戏等，它继承了古代歌舞、百戏、元明南戏、明清传奇等优秀传统艺术，同时兼具浓郁的岭南文化特色，现今已成为风靡世界的一大剧种。佛山是粤剧的发源地，也是“南国红豆”繁荣发展的一方沃土。图为华光诞上粤剧老艺人表演十番锣鼓柜吹奏。

2005 年 / 湛江 / 吴川农民表演貔貅叠罗汉

2005年9月20日，首届湛江红土文化艺术节在湛江市举行。雷州石狗、姑娘歌、遂溪醒狮、东海人龙舞、廉江舞鹰雄、吴川飘色等湛江非物质文化遗产也纷纷在这次红土文化艺术节上亮相，万余市民竞相观看。

GOTHEBORG

2006年 / 广州 / “哥德堡号”重返广州

1739年，瑞典商船“哥德堡号”首次抵达广州，与中国开展了贸易往来。到1745年触礁沉船之前，“哥德堡号”在历史上曾三次来过广州。2005年10月2日，重建的“哥德堡号”再度开启传奇之旅，它沿着200多年前的航线，经历了9个月的航程重返广州，受到了广州人民的热烈欢迎。

2006年 / 广州 / 第100届中国出口商品交易会开幕式

第100届中国出口商品交易会开幕。在开幕式上，中国政府宣布：从2007年4月第101届起，中国出口商品交易会更名为中国进出口商品交易会。自此，广交会由单一出口平台变为进出口双向交易平台。

2006年 / 广州 / SOS急救专机

SOS急救专机是国际救援中心（SOS）的空中医疗专机。在中国，国际救援中心先后在香港、台北、北京、上海、天津、广州和南京开设了分支机构，其中包括24小时紧急救援报警中心、国际诊所和办公室，并同遍布全国所有省区市的250余家有实力的、在涉外医疗方面有丰富经验的医院建立起固定的合作关系，成功地携手处理了许多重症病例，使伤员得到及时有效的救治。

2006年 / 广州 / 龙津路上的瓜摊

“红过张学友，甜过初恋。”这位瓜摊老板自己设计了很多手绘广告，广告词也十分吸引人。

2007 年 / 广州 / 金属回收公司货场

自2007年1月1日起，广州全面“禁摩”。从金属回收公司回收的一大堆摩托车车牌上也可以看出禁摩的速度和力度。广州是较早执行停止摩托车上牌政策的城市之一。

2007年 / 江门 / 开平市塘口镇自力村的碉楼

2007年6月28日，第31届世界遗产大会全票通过中国申报的“开平碉楼与村落”项目。开平碉楼是中国乡土建筑的一个特殊类型，其特色是中西合璧。一座座欧式古典风格的小楼与中国南方农村的传统土屋交错在一起，形成了绝无仅有的乡间景色。

2007 年 / 阳江 / “南海 I 号”完全打捞出水

2007年12月22日，位于阳江海域的“南海 I 号”南宋商船完全打捞出水。这是迄今为止世界上发现的海上沉船中年代最早、船体最大、保存最完整的远洋贸易商船，它为复原海上丝绸之路的历史、陶瓷史提供了极为难得的实物资料，为中国古代造船工艺、航海技术研究以及木质文物长久保存的科学规律研究，提供了最典型的标本。

2008 年 / 汶川 / 广东医疗队挺进映秀

震惊世界的“5·12”四川汶川大地震发生后，广东医疗队反应迅速，第一时间奔赴灾区，成为第一支进入地震灾区的外省医疗队。广东医疗队勇闯死亡谷、强渡紫坪铺，冒着生命危险，徒步挺进映秀。他们日以继夜地战斗在救灾的第一线，赢得了“医疗铁军”的称号。

2008 年 / 惠州 / 为中国加油的宝宝

第29届夏季奥运会在北京举行，全国人民都感到兴奋、激动和开心。承办奥运极大地增强了我们的民族自信。在惠州，一位宝宝脸上贴着国旗和奥运会会徽，紧攥着小小的拳头为我们的奥运健儿们加油打气。

2008 年 / 汕头 / 海选村委会主任

海选村委会主任是推进基层民主的一个具体表现，海选的形式极大地调动了村民们参与选举的积极性。

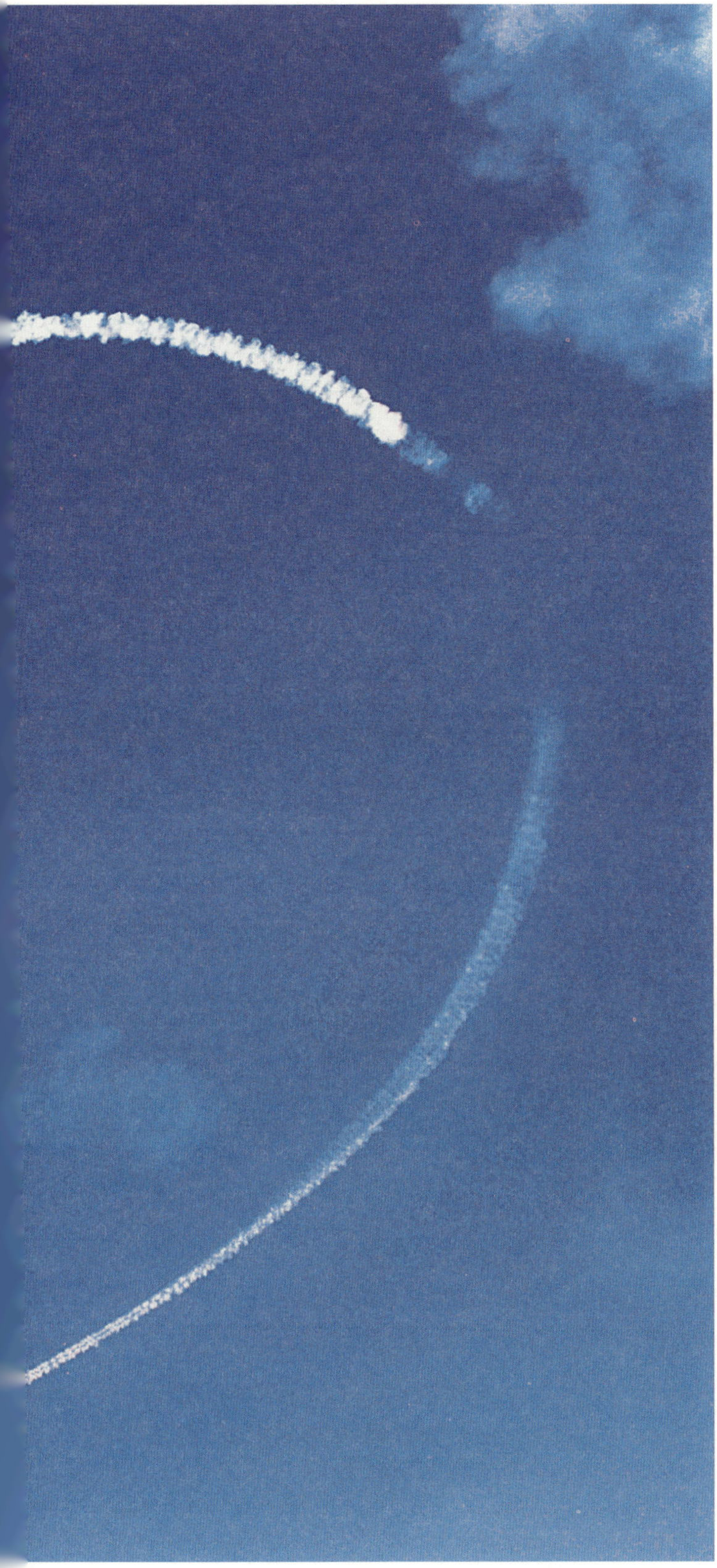

2008 年 / 珠海 / 国际航展高难度表演

2008珠海航展是中国举办的第七届航空航天博览会。珠海航展全称为中国国际航空航天博览会，自1996年开始举办，至2018年已举办十二届，展示了各国航空航天事业的发展实力。

2008年 / 珠海 / 郊外求学的外来务工人员孩子

随着城市化进程的加快，大量农村剩余劳动力涌入城市，这些外来务工人员子女入学成为一大难题。公办学校难以满足全部外来务工人员子女的入学需求，郊外的外来务工人员子弟学校应运而生。

2008 年 / 广州 / 生命的接力

2008年南方发生百年不遇的特大冰雪灾害，在广州火车站，回乡心切的人们挤满了整个候车大厅。在拥挤的人群中，众人接力将一位晕倒的女乘客抬出人群去救治，这一感人瞬间增强了人们抗击天灾的信心。

2009 年 / 广州 / 商业街

广州有“千年商都”之称，自古以来就因贸易而兴盛。如今广州的商业街，传统的骑楼与时尚的潮牌结合，融合传统与现代，焕发了新的活力。

2009 年 / 广州 / 在广州国际摄影双年展体验老照相馆的感觉

由广东美术馆主办的第三届广州国际摄影双年展在规模、内容、展示效果及影响等方面都超越了历届，得到社会各界的热切关注和支持。

2009 年 / 深圳 / 和谐号列车

和谐号广深动车组已成为往返于深圳、东莞、广州等地必不可少的便捷交通工具。

2009 年 / 湛江 / 背着孩子读书的母亲
一位母亲背着自己的孩子读书学习，热爱读书的母亲也为孩子带来了希望之光。

21世纪

10年代

2010年 / 广州 / 广州南站启用

2010年春运首日，亚洲规模最大的客运枢纽广州南站经过五年多的建设终于正式投入使用。此后广东的高铁建设大发展，进入了高铁时代。

2010 年 / 广州 / 广东省博物馆新馆落成

2010年5月18日，广东省博物馆新馆落成并对公众开放。新馆濒临珠江，坐落在珠江新城中心区。建筑主体设计概念源于广东传统的工艺品象牙球，外观呈方正的玲珑盒形，酷似一个“宝盒”。新馆开放后吸引了众多市民前来参观。

2010 年 / 江门 / 助威

为迎接广州亚运会，广东各地举办了各种群众活动。在江门的一场别具一格的拔河赛上，一旁加油助威的村民手上还抱着牙牙学语的小孙子，可这仍挡不住她的热情。

2011 年 / 梅州 / 110 岁的寿星

欣逢盛世福绵延。这位110岁的长寿老人，精神抖擞。老人膝下五代同堂，这是传统文化中人生最幸福的境界之一。图为五华的文艺界人士为老人现场画像。

2010年 / 广州 / 亚运会开幕式

2010年11月12日，第16届亚洲运动会在广州举行，这是亚运会第二次在中国举办。这场体育盛会不仅促进了广州城市基础建设的发展，更向世人展示了广东文化的丰富内涵。图为开幕式表演的《海洋之舟》篇章，展现了岭南悠久的海洋文化。

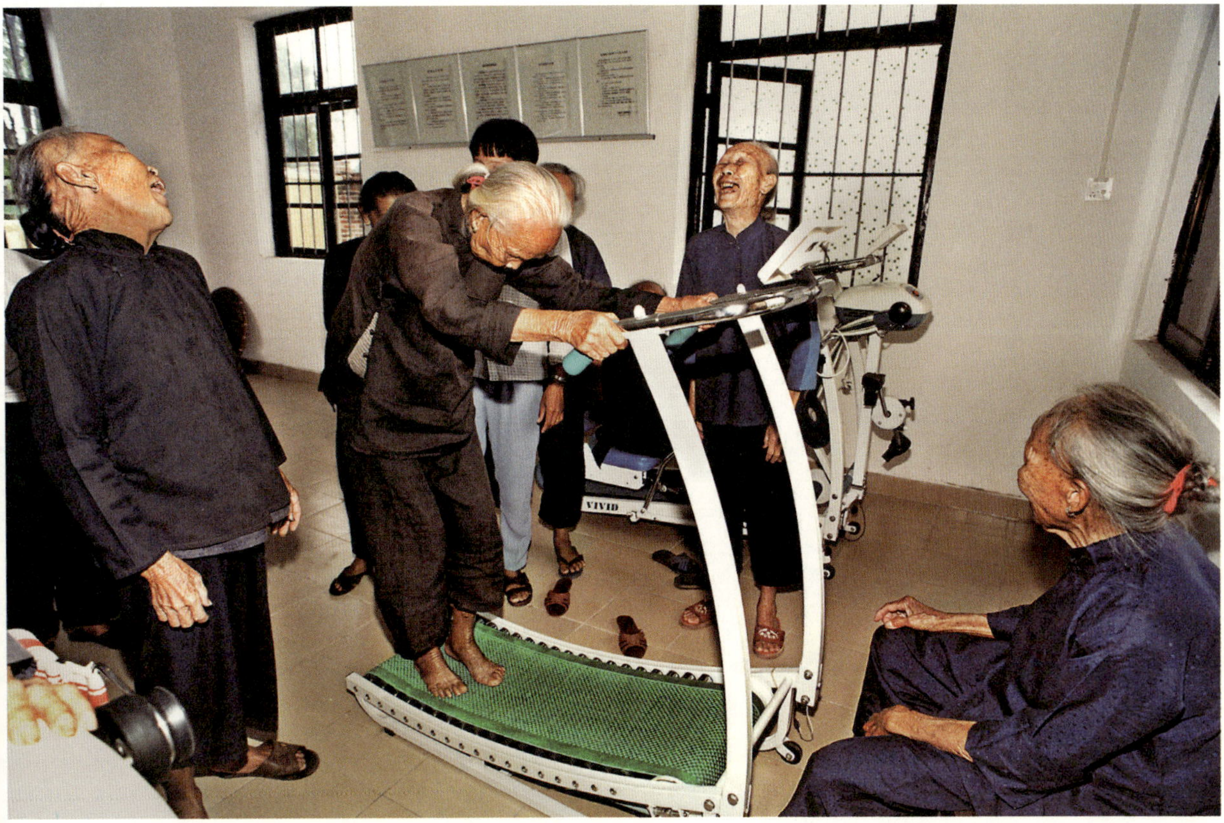

2011年 / 高要 / 老有所乐

敬老院是农村养老服务体系中的重要组成部分。2011年，民政部颁发《农村五保供养服务机构管理办法》，农村敬老院的建设更为规范有序。图中一群银发阿婆在摆弄最新的健身器械，脸上洋溢着欢乐的笑容。

2011年 / 深圳 / 大运会闭幕式载歌载舞

2011年8月，世界大学生运动会在深圳举行，这是广东连续两年举办大型国际综合性体育活动。大运会的宗旨是促进国际大学生之间的联系，加强大学生体育运动的交流。图为闭幕式上外国运动员与演员互动狂欢。

2011 年 / 东莞 / “双 11”爆仓的快递

“双11”已成为每年大规模的常规促销活动，是全球最大的互联网购物节日。“双11”期间的交易额是平时的几十甚至上百倍，广东连续多年雄踞成交额的榜首。图为“双11”期间爆仓的快递网点，快递配送延迟现象比平时更加普遍。

2012 年 / 深圳 / **南方科技大学**

南方科技大学是国家高等教育综合改革试验校，致力于成为世界一流研究型大学。南科大从筹建之初就受到社会各界的广泛关注，被视为中国高等教育改革的排头兵。2012年，教育部正式同意建立南方科技大学。

2012 年 / 梅州 / 山乡好人

廖乐年是马来西亚第三代客属华人，他作为一名退休的英文教师回到老家，以免费教英语的方式安度自己的晚年。从2002年开始，他默默在老家奉献长达十年。

2012年 / 河源 / 林寨古村

2012年，由省委宣传部、省文联、省民间文艺家协会等联合举办的“寻找广东十大最美古村落”评选活动结果出炉，此次获选的十大最美古村落和特色古村落代表了广府、潮汕、客家和粤北古村落的风格，表现出水乡文化、山居文化、海洋文化的特点。图为河源林寨古村的四角楼。

2012 年 / 四会 / 流动书香车

“农家书屋”是为了解决农民“买书难、借书难、读书难”问题而建立的文化服务设施。2012年，广东率先完成农家书屋在全省行政村的覆盖，并配置了“岭南流动书香车”，成效显著。图为春节期间开展的针对外出务工人员返乡、学生放假的送书下乡活动。

2013年 / 广州 / 海珠湖绿道

2013年，广东公布了《广东省绿道建设管理规定》，正式把绿道建设规范化。绿道既改善了城乡人居环境，又带动了沿线旅游产业。在践行生态文明建设、探索区域协同发展上，广东一直走在全国的前列。

2013年 / 梅州 / 高速公路建设

要致富，先修路。针对粤东粤西粤北的发展与珠江三角洲地区之间存在的差距，2013年，广东开展了高速公路建设大会战，着力推进基础设施建设。

2013 年 / **厦深铁路开通**

2013年12月28日，厦深铁路正式通车。这条线路串起厦门、汕头、深圳三大经济特区，打通了东南沿海3小时经济圈。图中乘客正在列车上抓拍窗外壮观的潮汕民居群。

2013 年 / 广州 / 72 小时过境免签

外籍人士过境免签政策是世界各国实施的免签制度中的一项内容，实施过境免签能够刺激外籍游客入境消费。广州是继北京、上海之后内地第三个实行72小时过境免签的城市。

2013 年 / 广州 / 首夺亚冠

2013年11月9日，广州恒大夺得亚冠联赛冠军，这是中国俱乐部第一次获得该项赛事的冠军，为全国人民带来了欢乐。值得一提的是，图中振臂与球迷同庆的恒大9号球员、巴西人艾克森已于2019年入籍中国，代表中国男子足球队征战。

2014年 / 东莞 / 广东21世纪海上丝绸之路国际博览会

广东特殊的历史、地理、经贸、文化优势，在建设21世纪海上丝绸之路的进程中，具有不可替代的重要地位和作用。“海丝博览会”是广东企业加强与相关国家经贸交流的一个重要平台，图中外商正在向参展商咨询电子商务的相关资讯。

2014 年 / 顺德 / 均安蒸猪

“厨出凤城”，顺德的美食文化一直以来都闻名全国。2014年，顺德获得联合国教科文组织授予的“美食之都”称号。

2014 年 / 澄海 / 九皇斋节

每年农历九月初一至初十日是澄海莲华盛安楼古寨传统民俗“九皇斋”活动期。“九皇斋”风俗由泰国传入，源于泰国华人对九颗星辰变成的九皇神仙的信仰。这是国内唯一一个奉祀九皇的村寨，奇异风俗见证了中泰的友好关系。

2014 年 / 广州 / 讲解垃圾分类知识

垃圾分类最主要的目的是要达到生活垃圾减量化、资源化、无害化。2011年，广州市率先出台《广州市生活垃圾分类管理条例》。垃圾分类需要全民参与，图中居民正在学习垃圾分类的相关知识。

2015 年 / 广州 / 保税店

随着全国通关改革的进一步实施，以及南沙新区的发展，售卖五花八门、琳琅满目进口商品的保税店开始出现。图为广州市区的第一家保税店，开业当天人潮涌动。

2015年 / 广州 / 第一届中国创新科技成果交流会
科交会以“推动创新驱动发展，促进科技助力跨越”为主题，助推科技成果转化，为推动经济社会发展提供科技和智力支撑。图中的游客正在体验最新的VR眼镜。

2015 年 / 惠州 / **志愿者为老人理发**

文化志愿服务进社区活动让社会特殊群体享受到更多的免费服务。多年来，广东持续举办社区文化节，使文化志愿服务深入到社区。图为志愿者在社区为老人免费理发。

2016 年 / 顺德 / 百年老屋的年宴

吃火锅是广东人过年期间喜爱的家族聚餐形式。一大家子围坐在暖暖的火锅前，冬日的寒意被驱散，新年的喜庆也洋溢在每个人的脸上。

2016年 / 广州 / **横渡珠江**

曾几何时，珠江这条广东的母亲河由于污染严重，恶臭连天。为宣示治理珠江水质的决心，广州举办横渡珠江活动，市领导带头横渡珠江。如今横渡珠江已成为广州每年夏日的一场盛事。

2016年 / 广州 / 广州国际马拉松赛

近年来，全民健身成为社会风潮，城市马拉松比赛越来越受到人们的喜爱。广州国际马拉松赛是中国马拉松金牌赛事，成为展示广州、广东乃至中国经济社会发展伟大成就的一张靓丽城市名片。

2016 年 / 广州 / **黄埔古港**

广东是古代中国与外国贸易和文化交往中海上通道的重要起点，在东西方经济文化交流过程中发挥了重要作用。2016年，广东评选了“十大海上丝绸之路文化地理坐标”，展现出广东丰富的历史文化底蕴。

2017 年 / 潮州 / 公共厕所边的工夫茶

厕所革命是一项民生工程，从最初旨在改进旅游景区公共卫生间的卫生水平，促进旅游业发展，到后来提倡改善农村地区厕所环境、提升农村居民生活质量。厕所干净了，环境美了，人居关系也更和谐了。

2017 年 / 广州 / **志愿者整理东倒西歪的共享单车**

随着移动互联网的发展，共享经济成为社会热词，共享单车如雨后春笋般出现，甚至入选了“新四大发明”。共享单车扫码即走，虽然方便，但也带来了管理上的难题。

2017 年 / 广州 / 迎接《财富》论坛

2017年12月，《财富》全球论坛在广州举行。这个汇集全球政商名流、知名专家学者的盛会落户广州，表明广州已迈向世界一流城市行列。

2018 年 / 深圳 / 广东改革开放 40 周年展览

2018年是中国改革开放40周年，广东在深圳举办“大潮起珠江——广东改革开放40周年”展览，展示广东40年来翻天覆地的变化。

2018 年 / 珠海 / 港珠澳大桥
2018年10月24日，世界最长的跨海大桥港珠澳大桥正式通车。港珠澳大桥缩短了香港、珠海和澳门三地的时空距离，将在粤港澳大湾区建设中发挥重要作用。港珠澳大桥的建设创下了多项世界之最。

2018年 / 深圳 / 世界献血者日全城公益跑

每年的6月14日是世界献血者日，旨在鼓励健康人群无偿献血。深圳组织了全城公益跑活动，将跑步与公益结合，通过健康运动的方式，向更多市民普及献血知识，宣传公益理念，传递积极向上的正能量。

2019 年 / 广州 / 我和国旗同框

为庆祝新中国成立70周年，全国各地青年学子响应“我和国旗同框”活动，表达了年轻一代的爱国之心。图为广州陈嘉庚纪念中学在开学典礼上的快闪现场。

2019 年 / 广州 / 傲然屹立

回首70年前，广州城刚解放时，百废待兴。如今，一座崛起的现代化城市傲然屹立在珠江之畔。